Minerva Shobo Librairie

地域共生の開発福祉
制度アプローチを越えて

日本福祉大学
アジア福祉社会開発研究センター
［編］

ミネルヴァ書房

はじめに

　本書は「開発福祉」というべきアプローチを探る。ここで開発（developmental）は，二重の意味をもっている。まず，福祉のしくみやそのための社会資源を新たにつくり出す（develop）ことが「開発」である。また，地域が経済的に活性化し社会的に発展する（develop）ことも「開発」という。

　そこで「開発福祉」とは，地域の中で人びとの関係を再生させながら，市場から排除されがちな人にも地域経済への参加の道筋を拓き，制度の狭間にある人びとを地域で支え合うしくみをつくり出すプロセスであり，またそのための支援アプローチである。これは既存の制度が機能しない領域で，あるいは制度や市場から疎外される人びとを包摂する課題への一歩として，求められる。

　たとえば本書で事例としてとりあげている北芝地区では，「このごろ病院行くのが大変やねん」という高齢者のつぶやきを拾って，地域の送迎サービス事業を会員制で始めた。市場の商業タクシーはもちろん，行政が制度として提供するデマンドバスもかれらには使いにくい，というばかりではない。送迎ドライバーとなる地域の若者たちとの交流の機会，つまり関係の再構築が，高齢者のつぶやきの背後にある大切なニーズでもあったからである。こうした地域の経験を積み重ね，いま北芝では，地区内外の生きづらさを抱えた若者たちに対し，高齢世帯の大型ごみの処理や買い物代行，近隣事業所での「中間的就労」など経済活性化への「場」を広げている。

　支援アプローチとしてみると，開発福祉は，制度を背景に対象者のニーズと既定のサービスとを結びつける従来のソーシャルワークとは異なる。既存制度ではカバーできないからこそ，あらたなしくみをつくり出すのである。また，いわゆる開発ソーシャルワークのもつ経済的要素は重要であるけれども，個人を「エンパワー」しスキルや就労意欲を高めて市場に送り出すだけの個別支援

的な開発ソーシャルワークでは限界が大きい。それでは解決できない領域を，開発福祉は扱う。つまり，一人ひとりが関係を再構築し，主体としての力を回復し，経済的にも社会的にもチャレンジしていけるような通過領域となる中間的な社会空間こそが，開発福祉が追求するコアの現場である。

　北芝では，その社会空間は，中間支援として地区内外を媒介し事業を運営する組織であり，居場所を失った若者が自由に立ち寄ることのできる空間であり，そこで生み出されていく多様な活動であった。人びとは制度的アプローチの下では，制度に規定される対象としての〈当事者〉性を与えられ，それに基づいて分断されやすい。しかし自分の回りに中間的空間をもつことで，地域に生き，働き，発言し，社会参加する生活者としての〈主体〉性を回復する契機を得られる。かくして開発福祉は「まちづくり」あるいはコミュニティ開発に接近しているのである。そこでは「投資」や「マネジメント」といった，伝統的な福祉の世界からは越境しそうなキーワードが登場する。

　この本では，このように既存の制度や支配的な市場に依拠しない開発福祉のアプローチを，事例から探る。具体的には，高知県の中山間地において生産と福祉を結ぶ「集落福祉」，都市コミュニティで福祉を志向する「まちづくり」，そして制度的対象ではなく地域生活の主体を成立させる「共生空間」の創出について，3つの柱を立てて記述する。

　これら事例は，いわゆるグッド・プラクティスの見聞をかき集めたものではなく，私たち研究メンバーがそれぞれ現場に比較的継続して関わり——研修，助言，共同調査，現地セミナーの共同企画を通じて，また時には実践者として，さらに事例によっては報告そのものも現場実践者とともにまとめ——，得られた知見である。結果的に私たちは「メタ現場」を通じたアクションリサーチを行ってきたわけで，本書はその中間報告である。

　グッド・プラクティスを単にエピソードの集積として提示してもあまり意味はないし，それらを抽象的にモデル化して他地区に適用しようという試みも不毛なことが多い。私たちが心がけたのは，各地区の現場実践者とともにそこでの実践の意味を確認し合い，現場に根ざしたロールモデルとして「開発福祉の

はじめに

ワーカー」を考え，それを基にして他地区でもそれぞれ自身の経験を振り返る自己発見的（heuristic）な機会を広げていくことである。現場間の交流は，私たちの研究活動の重要な一環であった。それが，個別経験の普遍化への有効な道のように思える。本書はその第一歩である。

　日本福祉大学で「福祉」と「開発」を融合させようという試みは，2003年の21世紀COEプログラム「福祉社会開発の政策科学形成へのアジア拠点」の下での共同研究から始まった。それを受けて2008年，学内の特定重点研究センターの一つとして「アジア福祉社会開発研究センター」が設置された。最近3年間の当センターは，日本私立学校振興共済事業団による学術研究振興資金の助成と，日本福祉大学による先導的研究開発事業特定資産の援助を受け，研究課題「福祉社会開発の実践モデルの構築——制度外コミュニティ福祉の生成と支援ワーク」を追求してきた。また並行して，研究成果の社会還元の一環として，社会人学び直し大学院プログラム「地域再生のための『福祉開発マネジャー』養成プログラム」(2015年開設)に貢献し，研究上のフィールドを人材育成にも活かしてきた。

　本書は，直接的には，これら3年間の活動の成果である。上記事業団および学校法人日本福祉大学からの継続的なご支援に感謝したい。また北芝の埋橋伸夫，井上勉，丸岡康一の各氏およびCLCの池田昌弘氏には，お忙しいなか関連する原稿に目を通していただいた。当センターとしては『福祉社会の開発——場の形成と支援ワーク』(ミネルヴァ書房，2013年)に次ぐ2冊目の共同研究書を世に問うことになるが，いずれも諸事情の厳しいなかでの出版をお引き受けくださったミネルヴァ書房の方々，とくに今回は編集部の北坂恭子氏にお礼を申し上げたい。

日本福祉大学アジア福祉社会開発研究センター長
穂坂　光彦

目　次

はじめに

第Ⅰ部　開発福祉とは何か

第1章　開発福祉への接近，開発福祉による接近 …………平野隆之　3
1. 開発福祉への接近　4
2. 福祉分野に開発福祉が求められる背景・理由　7
3. 開発福祉の構成要素　10
4. 開発福祉による接近　13

第2章　開発福祉の視点 ………………………………………穂坂光彦　19
1. 自由と参加の福祉へ　20
2. 制度のギャップと開発福祉　23
3. 方法としての「中間的社会空間」　25
4. 開発福祉の枠組み　29

第Ⅱ部　集落福祉への挑戦――高知県にみる生産と福祉を結ぶ実践

第3章　地域をつなげる重層的な拠点の形成
――土佐町社会福祉協議会による集落支援
………………………………………………山首尚子・上田大　40
1. 地域の拠点づくり・つぶやき拾い・つぶやき返し　41
2. 福祉実践を媒介とした集落再生の例――南川地区の取り組み　47
3. 集落支援の横断的チーム体制づくり　50

目次

第4章　集落が生き続けるためのしくみづくり
　　　　　——土佐町の生産と福祉を結ぶ集落活動センター
　　　　　　　　　　　　　　　　　　　　　　　　　　　　　　　雨森孝悦　53

　1　中山間地域対策の要としての集落活動センター　*54*
　2　なぜ石原地区につくられることになったのか　*56*
　3　設立に至る意思決定のプロセス　*59*
　4　成果，課題および展望　*64*

第5章　社会参加をすすめ地域課題を解決する「しごとづくり」
　　　　　——中土佐町の包括的な取り組み
　　　　　　　　　　　　　　　　　　　　　　　　　　　　　　小木曽早苗　*69*

　1　高知県における地域福祉推進モデルと中土佐町の独自モデル　*70*
　2　地域アクションプランと地域支え合い活動への発展　*74*
　3　社会参加をすすめ地域課題を解決するしごとづくりへの模索　*78*
　4　見出される新たな専門性　*81*

第6章　「考える農民」としての暮らしを支える多機能ワーク
　　　　　——生活改善と庭先集荷から学ぶ
　　　　　　　　　　　　　　　　　　　　　　　　　　　　　　　小國和子　*85*

　1　共通の視点——数値化しづらい「態度の変化」へのこだわり　*86*
　2　農村支援とは「主体的な生」を支えること　*87*
　3　「自ら考え続けられる暮らし」の支援に向けて　*91*
　4　プロセスにおける創造の豊かさ　*96*

第Ⅲ部　福祉とまちづくりの融合——地域で福祉をつくる方法と人材

第7章　「たつせがある」まちづくりの推進
　　　　　——長久手市
　　　　　　　　　　　　　　　　　　　　　　　　　　　　　　吉村輝彦　*102*

　1　長久手市におけるまちづくりの政策展開　*103*
　2　長久手市における取り組み事例　*108*
　3　市民の主体性を育み「自分ごと」のまちづくりを展開　*114*

第8章　まちづくり住民組織による福祉の地域展開
　　　　　——高浜市
　　　　　　　　　　　　　　　　　　　　　　　　朴兪美・平野隆之　*117*

　1　市政策としての「福祉でまちづくり」の展開　*118*
　2　まちづくり協議会による「福祉でまちづくり」の可能性　*121*
　　　　——南部の取り組み
　3　まちづくり協議会による開発福祉の条件　*123*
　4　「福祉でまちづくり」の展望　*128*
　　　　——選別主義を超えるまちづくり型福祉の開発

〔コラム１〕　「健康自生地」を核にした生涯現役のまちづくりの推進…吉村輝彦　*131*
　　　　　——高浜市における取り組み事例から

第9章　コミュニティマネジメントによる福祉とまちづくりの融合
　　　　　——韓国城東住民会と箕面市北芝
　　　　　　　　　　　　　　　　　　　　　　　　　　　　　　朴兪美　*135*

　1　実践交流に基づいた２事例の相対化　*136*
　2　城東住民会の展開——貧民運動に根ざした「地域疎通」のまちづくりへ　*137*
　3　北芝の展開——部落解放運動に根ざした地域セーフティネット構築へ　*140*
　4　２事例の相対化からみるコミュニティマネジメント　*144*

5 中間組織によるコミュニティマネジメント *146*

第10章　被災地発の開発福祉の実践
　　　　　――「福祉開発マネジャー」のリアリティ
　　　　　　　　　　　　　　　　　　　　　……………………………………………………平野隆之・穂坂光彦 *151*

1 福祉開発マネジャー養成への挑戦 *152*
2 福祉開発マネジャーのリアリティ――CLCによる被災地支援の展開 *154*
3 被災地発の開発福祉の普及――生活支援コーディネーター養成への展開 *158*

第Ⅳ部　共生空間の創造――当事者性を地域へと開く開発福祉

第11章　「しごと開発」からの地域づくり
　　　　　――高島市「ぎょうれつ本舗」
　　　　　　　　　　　　　　　　　　　　　……………………………………………………田村きよ美・井岡仁志・朴兪美 *168*

1 移動商店街「ぎょうれつ本舗」 *169*
　　　――障害のある人たちの働きを通した地域支援
2 「ぎょうれつ本舗」の活動にみる地域福祉実践と
　　社会福祉協議会の役割 *173*
3 地域的展開を求める開発福祉の持続可能性 *177*

第12章　地域共生社会をめざす持続的な開発実践
　　　　　――西宮市社会福祉協議会　青葉園
　　　　　　　　　　　　　　　　　　　　　……………………………………………………藤井博志・清水明彦 *181*

1 青葉園の成立と理念 *182*
2 かけがえのない主体と主体が向き合うことからはじまる
　　地域自立生活実践 *184*
3 本人中心の計画から障害福祉計画に架橋する
　　施策推進ネットワーク *187*
4 共生のまちづくり *189*

第13章　地域共生に向かう作業療法
　　　　――ニカラグアと福島の経験
　　　　　　　　　　　　　　　　　　　　　　　　　………………田中紗和子　*195*

　1　作業療法と障害の社会モデル　*195*
　2　ニカラグアの障害児支援施設にて　*197*
　3　福島県二本松市の仮設住宅集会所にて　*203*
　4　ニカラグアと福島の比較から　*206*

〔コラム2〕　障害平等研修がもたらす地域の変容　…………久野研二・曽田夏記　*209*
　　　　――東京都大田区での取り組みから

第14章　共生空間をひろげる共生型ケア拠点の政策化
　　　　――富山・熊本・高知三県の試み
　　　　　　　　　　　　　　　　　　　　　　　　　…………………平野隆之　*211*

　1　共生型ケア拠点の政策化　*211*
　2　共生型ケア拠点＝多機能型福祉拠点のモデル　*218*
　3　共生型ケア拠点にみる開発福祉の視点　*222*

おわりに　*227*
索　引　*231*

第Ⅰ部

開発福祉とは何か

第1章
開発福祉への接近，開発福祉による接近

平野隆之

　本章において，開発福祉へと接近する手順は，次の3つとなる。
　1つ目は，本書の編者でもあるアジア福祉社会開発研究センターが作成した前書の『福祉社会の開発：場の形成と支援ワーク』（ミネルヴァ書房，2013年）（以下，『前書』）を発展させ，どう開発福祉に至ったかを明らかにするものである。ここでは，福祉社会開発と開発福祉の関係を説明することになる。
　2つ目は，今日の福祉分野において，なぜ開発福祉の概念とその方法が求められているのか，つまり開発福祉を求めている現場の課題や政策環境から接近するものである。
　3つ目は，本書12事例を対象に，開発福祉の構成要素を引き出す作業を試みることによって，帰納法的に開発福祉とは何かに，接近するものである。ただし，本章は最初の章であることから，各章案内の役割を担うことにも配慮し，抽象レベルでの開発福祉の要素の整理のみとならないように配慮した。
　これらの「開発福祉への接近」の手順は，結果として「開発福祉による接近」を明らかにすることに結びつく。最近，社会福祉研究とりわけソーシャルワーク研究分野において，開発をキーワードとしたアプローチが提示される傾向にある。たとえば，「開発的ソーシャルワーク」や「支援環境開発アプローチ」，「社会資源開発」などである。それらは，「はじめに」にも記したように，「制度を背景に対象者のニーズと既定のサービスとを結びつける従来のソーシャルワーク」を乗り越えようとする挑戦といえなくもない。本章の最後に，その動向についても触れながら，本書にみる「開発福祉による接近」の特徴をまとめておきたい。

第Ⅰ部　開発福祉とは何か

1　開発福祉への接近

前書の継承と発展

　本書は前書『福祉社会の開発』を発展させた，姉妹書といえるものである。両書は，表1-1にあるように類似した4部構成をとっており，ほぼ同数の章から成っている。しかし，それぞれの部の内容を対比してみると，以下の4点において本書の特徴が見えてくる。もちろん，そのように編集しているのではあるがこうした比較のなかから，「開発福祉」への接近方法を紹介してみたい。

　第一に，両書とも第Ⅰ部において理論的な枠組みを扱うように編集しているが，『前書』では，「福祉社会（の）開発」における概念や理論を整理しているのに対して，本書はそれを踏まえながらも，新たな概念として「開発福祉」を打ち出している。両者の関係は，概念の内容が変化しているというよりは，福祉領域としての概念に変換されていると理解してほしい。「福祉社会開発」概念では，開発と福祉のそれぞれの領域から等距離での概念設定となっているのに対して，「開発福祉」は社会福祉領域に取り入れることを目指した概念化であり，そのための「福祉社会開発」の変換用語という関係にある。

　そのような変換を目指した理由は，大きく分けると次の2つになる。1つは，これまでの工夫にもかかわらず，「福祉社会（の）開発」の用語については，最後が開発で終わることもあり，社会開発や国際開発の研究成果であり応用であるとの印象が否めない。つまり，「福祉（指向）の社会開発」として理解される傾向にあることである。これを払拭することができる。

　もう一つの理由は，福祉政策領域において，制度福祉による解決の限界や財源確保の制約が課題とされ，それに対応する新たな資源等の開発を目指す福祉領域の必要が声高に言われるようになったことがある。この点は，次節でていねいに触れているが，こうした動向を視野に入れた，制度福祉に対峙する概念として，「開発福祉」を位置づけることに一定の意義があるとの判断からである。言うまでもないが，この制度アプローチを越える視点は，「福祉社会開発」

第1章 開発福祉への接近，開発福祉による接近

表1-1 前書と本書の構成比較

	福祉社会の開発：場の形成と支援ワーク	地域共生の開発福祉：制度アプローチを越えて
編　者	穂坂光彦・平野隆之・朴兪美・吉村輝彦	日本福祉大学アジア福祉社会開発研究センター
出版年／出版社	2013年3月／ミネルヴァ書房	2017年3月／ミネルヴァ書房
第Ⅰ部	福祉社会の開発　1-4章	開発福祉とは何か　1-2章
第Ⅱ部	地域再生における政策・場づくり・支援ワーク：高知県の福祉社会開発　5-8章	集落福祉への挑戦：高知県にみる生産と福祉を結ぶ実践　3-6章
第Ⅲ部	地域における社会関係の再構築：（まちづくりから福祉へ，福祉からまちづくりへ）　9-10章	福祉とまちづくりの融合：地域で福祉を創る方法と人材　7-10章
第Ⅳ部	福祉社会開発における研究と実践の協働　11-13章	共生空間の創造：当事者性を地域へと開く開発福祉　11-14章

注：前書の編者は，日本福祉大学アジア福祉社会開発研究センターのメンバーである。

の概念化の出発点から，一貫して継承しているものである。

　第二に，第Ⅱ部と第Ⅲ部は扱う分野としては共通性を持たせ，それぞれ領域における新たな展開を「開発福祉」の視点を取り入れながら，幅広く拾い上げている。まず，第Ⅱ部では，この間のアジア福祉社会開発研究センターによる高知県を対象にしたフィールドワークや介入研究の成果を整理し，『前書』において明確に打ち出し得ていなかった「集落福祉」概念とその実現に向けての手立てや方法を具体的な事例をもとに提起している。「集落福祉」概念によって，生産と福祉を融合させる必要性を強調することが実現している。第Ⅲ部は，『前書』の「まちづくりから福祉」（大阪・北芝地区）と「福祉からまちづくり」（釧路）の手順の対比とその融合方法を踏まえながら，他の地域での同様の取り組みのフィールドワークを踏まえて，「福祉とまちづくりの融合」が本書では扱われている。「開発福祉」を提示する立場から，「福祉からまちづくり」の方法を重視している。

制度アプローチを越えて地域共生を創る「開発福祉」

　第三には，第Ⅳ部の位置づけが大きく異なり，『前書』では福祉社会開発に求められる研究方法に力点を置いているのに対して，本書では，開発福祉が目

指す重要な課題として，「共生空間の創造」を設定したことがあげられる。第Ⅳ部に含まれる4つの実践事例や政策化の取り組みについては，前書では取り上げて来なかったものである。ただし，「当事者性を地域へと開く」という発想は，前書では，第Ⅲ部の「福祉からまちづくりへ」（釧路での試み）のなかですでに提起されていた考え方である。

　制度福祉が対象別に，しかも施設入所として普及することで，対象者の制度による分断や地域社会との隔絶が進んできている。つまり，制度を前提にした「当事者」性は，当事者をその枠組みに封じ込め，施策の対象として客体化し，制度の下に分断してしまう。それをどう克服するかは，共生社会を目指す今日の福祉において大きな課題である。もちろん，その推進力を当事者性に求めることはできるが，それにとどまらずに，それに共感する空間（共生空間）が必要なのである。開発福祉は，この当事者性を地域へと開くための方法を扱うものと考えている。「共生空間の創造」という新たなキーワードの下に，それらの方法が理念レベルの用語としてではなく，実体化するための実践の展開や政策化の戦略性を伴ったものであることを示すために，4つの実践・政策化事例を配置したところである。

　その結果，本書では，開発福祉への転換を根拠づける実践や政策化が，第Ⅱ部から第Ⅳ部まで列記され，『前書』の6事例に対して，12の事例が配置されることになった。

　第四に，サブタイトルの変化についても触れておくと，「場づくり・支援ワーク」から「制度アプローチを越えて」に移行させている。前書と同様に場づくり・支援ワークといった方法に触れつつも，ゴールとしての共生の地域社会を創ることを目指す戦略的な取組みを重視したものである。そのため，マネジメント概念を取り入れ，それを担う職能として，ワーカーにとどまらずにマネジャーを登場させている。今後，開発福祉を担う人材としてマネジャーに注目しているのである。

　「はじめに」で，開発福祉が担う領域として，制度や市場が解決できない領域を設定するとともに，一人ひとりが主体としての力を回復し，経済的にも社

会的にもチャレンジしていけるような中間的な社会空間について触れたが，その社会空間を作り出すマネジャーを想定する。本書ではそれらを担う主体としての中間支援組織を設定し，その事例を集めた。中間支援組織の意義の一つは，制度アプローチを越えて地域を創る実践者の現場間の交流を目指す役割や機能を持つ点にあり，それらの団体との共同研究を重視してきた成果を本書に反映させている。

こうした本書におけるマネジャーへの注目の背景には，『前書』発刊後，日本福祉大学が文部科学省の高度人材養成のための社会人学び直し大学院プログラムの採択を受け，地域再生のための「福祉開発マネジャー」養成プログラムを導入したことがある。アジア福祉社会開発研究センターは，そのプログラムの開発・運営の拠点センターを担ったのである。プログラム上は，開発福祉という福祉サイドでの名称を想定していないこともあって，従来の福祉社会の開発をマネジメントする担い手を意味する「福祉開発マネジャー」という名称を用いた。この点は，本書の第10章で詳細に触れている。

2 福祉分野に開発福祉が求められる背景・理由

福祉の実践や政策の分野において，「開発福祉」の概念・方法・政策がなぜ求められているのか，今日的な理由を整理しておく。

第一の点は，「しごとづくり」である。これまでの制度福祉の限界を背景にして，2015年度に生活困窮者自立支援制度が導入され，対象横断的な相談支援や予防的な福祉の取り組みが求められるようになった。さらに困窮からの出口として新たな福祉領域の開発，いいかえれば「地域づくり」に近い方法での「しごとづくり」が問われてきている。とくに，生活困窮者が社会的な参加・自立に向かう様々な段階に対応した「しごとづくり」は福祉の重要な課題となった。それは社会参加を目指した，多段階的なしごとを開発する福祉の方法への関心が高まっているということでもある。「一億総活躍」というフレーズのなかで，その中心に制度のはざまの人の活躍を位置づけることが，どこまで可能か疑問

表1−2　2つの改正に盛り込まれた「地域」

改正年	改正の性格	改正を示す「地域」のキーワード		
2005年	プログラムの提示	地域包括支援センター	地域密着型サービス	地域支援事業
2015年	方向性の提示	地域（在宅）医療	地域づくり	地域福祉

の余地もあるが，開発福祉は制度のはざまの人びとがターゲットに置かれる福祉として期待されることになる。

　もともと「しごとづくり」は，東日本大震災の復興支援のなかでも，中山間地域での地域再生のなかでも，福祉と地域づくりとの融合として強く求められてきた。こうした状況に対して，地方創生サイドからでも「ひと・まち・しごと創生本部」の政策戦略として，「人口減少に応じた福祉のまちづくり」のための施策の開発が求められた。本書第Ⅱ部で触れる高知県に見られる「あったかふれあいセンター」は，「子どもから高齢者，障害者等の年齢や障害の有無を超えて地域で暮らすすべての人々を対象とした，いわゆる共生型の多世代交流・多機能型福祉拠点」として注目されてきた。同センターは，同時に「しごとづくり」を目指す「集落活動センター」との融合にも取り組んでいる。本書では，福祉拠点がどうしごとづくりに越境するのか，その挑戦は「開発福祉」の構成要素になるのではないかと考えている。

　第二に，「地域づくり」があげられる。これは2015年度の改正介護保険制度（以下，2015年改正）でも，強く求められているのだが，介護行政の現場で，厚生労働省が言う「地域づくり」の意味や提示されているプログラムが理解できずに，目的と手段が転倒してしまう状況が生まれている。介護保険制度において，「地域」が強調されたのは，2005年改正（第1次改正）である。そのときの改正では，1つ目には，「地域包括支援センター」という「地域（を包括する）」，2つ目には，「地域密着型サービス」の導入による「地域（に密着する）」，そして3つ目には，「地域支援事業」における「地域（の基盤を支援する）」が盛りこまれた（表1−2）。ただし，これらはプログラム名称に過ぎなかった。

　2015年改正に盛り込まれた「地域づくり」の考え方は，生活支援サービスというプログラムそのものを表すのではなく，地域住民が主体的に参加する「協

議体」をつくるといった，それ自体は協議・協働のための場づくりに相当する「体制整備」が導入されたのである。住民主体が生活支援サービスを創り出す容器といったような機能として「協議体」を，同時に導入された「生活支援コーディネーター」はその容器がうまく機能するように運営する役割を与えられているのである。生活支援コーディネーターは，その意味では，開発福祉の担い手とみなすことができる。

地域包括ケアシステムそのものが，「地域づくり」へと舵を切っているなかで，保険者である自治体が，こうした「地域づくり」をうまく運営することに困惑している状況にある。この状況を克服するために，新たな「地域マネジメント」(1)概念を登場させ，それを保険者機能の一つとして求める動向にある。介護行政スタッフのみで，この地域マネジメントを実施することは困難であり，地域福祉や地域保健が担ってきた地域への接近方法やまちづくり行政部門との連携が求められる。そのような意味では生活支援コーディネーターにとどまらず，地域包括ケアシステムの推進を担う行政担当者も，開発福祉の担い手に該当しているとみることができる。開発福祉には，こうした福祉部門の地域への接近方法の包括化や，まちづくりへの越境を促進する機能が含まれるからである。

第三には，共生社会の実現が政策的にも提起され，その実現にむけての手順が論議されるという政策環境がある。具体的には，2015年9月に出された「新たな時代に対応した福祉の提供ビジョン」においては，共生社会の実現が強く打ち出され，その実現にむけて「多機関の協働による包括的支援体制構築事業」の予算化も図られている。また「我が事・丸ごと」地域共生社会実現本部の設置などによって，政策の進展が加速されている状況にある。

『新たな時代に対応した福祉の提供ビジョン』では，制度のはざま問題をなくすための「相談支援の包括化」や「全世代型のサービス提供」も提案している。また，それを担う人材においても，各種専門職の資格条件においても共通基盤を検討することが提起されている。とくに開発福祉への期待としては，「全世代型のサービス提供」という新たなプログラムの開発や多職種の連携，その

ための共通基盤形成への貢献が想定される。「相談支援の包括化」においても，単に制度からの漏れをなくし，制度へのアクセスを実現する総合相談の設置という狭いしくみの開発にとどまるものでなく，制度福祉に根ざした相談支援そのものにおいても，制度アプローチを越えようとする包括化への接近が生まれるような開発性が必要といえる。

3 開発福祉の構成要素

これまで開発福祉の輪郭や開発福祉への期待などから開発福祉に接近してきたが，最後に本書第3章以下を紹介しながら，開発福祉の実体化を目指す実践・運営・政策化を可能な限り取り上げ，開発福祉の構成要素について説明しておきたい。すでに各部ごとの構成については触れているので，各部や実践・現場を貫通するキーワード的な要素ごとに整理していく。

しごとづくり・地域づくりの要素

第一に，開発福祉の構成要素には，「しごとづくり」，「地域づくり」が含まれている。「しごと」自体の概念化を深めるだけでも相当の検討が必要となるが，ここでは，地域づくりにつながる，むしろ地域の課題や困りごとを解決するなかに，新たなしごとを見出すという文脈において，「しごとづくり」に接近するのが開発福祉の視点ということを強調しておきたい（第**5**章のタイトルがそれを体現している）。第Ⅱ部で展開している「生産と福祉を結ぶ」という内容や第Ⅲ部の「地域で福祉をつくる」という方法も，それぞれの背景において，地域の課題を解決するなかに，新たなしごとを見出すという文脈が含まれている。

本書では一貫して「しごと」のもつ社会への帰属性や参加性，自立へのステップが強調されている。第**7**章で提起されている「たつせ」についても，この「しごと」への注目であり，第**11**章の「ぎょうれつ本舗」は，中山間地域の人びとへの買物支援を障害者のしごと開発に結びつけたものである。第**14**章での

「共生型ケア」の拠点では，新たなしごとづくりを位置づける政策的支援が導入されている。第5章，第6章のいずれも，「しごとづくり」が中心テーマとなっている。

共生空間をつくり出す拠点づくり

第二に，開発福祉には共生空間をつくり出すための拠点づくりが含まれている。各章での拠点づくりの記述にまず触れておく。第Ⅱ部では，集落活動センター（第4章），あったかふれあいセンター（第5章），第Ⅲ部では，地域共生ステーション（第7章），隣保館（第9章），さらには被災地でのサポートセンター（第10章），第Ⅳ部では，地域共生館（第12章），共生型ケア拠点（第14章）といったように，各種拠点は多様な機能を付与されながら地域支援の拠点として配置が進んでいる。これらの拠点がどのような方法で，共生空間をつくり出すことになっているのかは，それぞれの章のなかで理解がすすむことに期待したい。

なお，第14章には，こうした拠点に求められる10の機能の整理がなされ，拠点を利用する人たちの多様な必要に応じる形で，それぞれの機能が付与される条件が必要であることを指摘している。こうした多機能化の条件は，当事者性（拠点に課題を持ち込む主体）が地域へと開かれることを可能にするものである。

ただし，本書では拠点型だけでなく，デリバリー型あるいはネットワーク型の共生空間づくりも視野に入れている。第6章の庭先集荷や第11章の移動販売が，それに該当している。

拠点という概念は，それほど抽象性のあるものではなく，ソフトよりはハードとして位置づけられてきた。第2章でも触れているように，「中間的社会空間」といえる新たな概念を導入し，開発福祉が展開される場を表現するとともに，その空間を共生空間としてマネジメントする意義に触れている。この社会空間としての機能を拠点のなかに求めている関係にある。拠点はこうした社会空間を取り込んだ概念として，実践を通して具体的な内容を豊富化することが，開発福祉の役割ともいえる。

開発福祉のマネジメント——人材開発の機能を含む

　第三の構成要素として，開発福祉のマネジメントを強調している。そしてマネジメントを担うマネジャーのリアルな内容についても言及している。前者は，第8章では，「まち協のマネジメント」として，第9章では「コミュニティマネジメント」として整理されている。マネジャーについては，「福祉開発マネジャー」のリアリティ（第10章）では中間支援組織を例として取り上げている。直接，開発福祉を担うマネジャーという名称を与えていないが，第12章の青葉園の取り組みでは，「なんとかなる」「なんとかする」というスローガンによって，そのマネジメントが表現されている。また第7章，第8章における首長（市長）が部下に期待している役割は，実はこの開発福祉のマネジャーとしての役割であり，それに向けての育成方法が扱われている。たとえば，第7章では，「発酵」と「わずらわしさ」を担える行政職員イメージとして表現されている。

　本書において，マネジャーに注目する理由としては，『前書』において整理した以下の枠組みを踏まえているからである。制度外で地域住民がつくり出す福祉メカニズムの生成には，マクロレベルの支援的政策環境，メゾレベルにおける関係変容の場の形成，ミクロな支援の場での相互エンパワメント，これらが必要となる。この各レベルの重層性を結びつけるマネジメント機能が求められており，それを担うマネジャーが必要となる。また，『前書』では，新たな資源開発を促進する上で，「実験事業」の組み立てが強調されている。本書では事業の持続可能性の検討に対する介入研究が展開された成果を踏まえ，方法としてのマネジメントが取り上げられている。

　開発福祉のマネジメント機能に含めているのが，人材の開発である。とくに地域のなかでの支え合いを組織できる，あるいは地域づくりを組織できる地域人材の開発に開発福祉は積極的に関わることになる。こうした地域人材の養成のなかで，地域のなかに散在していた困りごとが集約され，地域課題化が促進されることになる。このプロセスなしには，先のメゾレベルにおける関係変容の場の形成は生じてこない。地域の困りごとが集約化され，解決の優先順位も含めて課題化されるなかで，メゾレベルでの行政や専門機関と地域との緊張関

係が生じ，新たな計画化や事業化の論議が進むのである。こうしたボトムアップ型のマネジメントを促進することが，開発福祉の役割といえるのである。

　第9章，第10章においては，中間支援組織におけるマネジメントが扱われている。ただこれは，中間支援それ自体を扱っているのではなく，また，今回提示している開発福祉との関連を総合的に整理しているわけでもない。事例的な検討に留まるものであるが，支援組織間の比較のなかで，開発福祉のあり方を相対化することがマネジメント上重要な手続きだということが理解できる。

4　開発福祉による接近

ソーシャルワーク研究における開発志向

　本章の冒頭で触れたように，ソーシャルワーク研究分野において，近年，開発をキーワードとしたアプローチが提示される傾向にある。一つには，コミュニティソーシャルワークにおける資源開発の機能に着目し，その理論的な枠組みや方法を構築する動向である。代表的なものとしては，James Midgleyと Amy Conleyの著作の翻訳『ソーシャルワークと社会開発：開発的ソーシャルワークの理論とスキル』(宮城孝監訳　丸善出版，2012年)である。同書では，開発的ソーシャルワークを「人々が生産的な市民として，普通の充実した生活を送るための潜在能力に基盤を置く社会的投資戦略を採用することを通して，従来の治療的で現状維持に留めおく実践アプローチを乗り越え」(xx頁。一部改訳)ようとする目的を持つものとしている。ミクロレベルにとどまるものではなく，間接的・マクロのソーシャルワーク実践に相当している。また，同書に用いられる「社会的投資」概念も，福祉対象者による「経済的な参加」や「エンパワメントと人的投資」により構成され，ソーシャルワークの臨床とマクロとの実践上の融合という戦略のなかで実現するという考え方として提示されている。これらの点は，本書の第2章でも触れていく。

　同書における「ソーシャルワーカーが，若年失業者への就労支援や以前に福祉を受給していた者が雇用を確保するための支援（中略）を行うことは，地域

経済の発展を促進している」(223頁。一部改訳)との考え方を明確にしている点は，本書において示される「生産と福祉を結ぶ」や「福祉的な生産支援」という視点に通じている。

『ソーシャルワークと社会開発』の監訳者である宮城が東日本大震災への支援に深く関わりを持つなかでの訳出作業となった点で，「本書がわが国のソーシャルワークにおいてパラダイム・シフトをもたらす内容であるとの思いが深くなっていったのは決して過言ではない」(iv-v頁)との指摘は，本書において開発福祉を提起する契機の一つが，東日本大震災被災地域でのフィールドワークである点で共通している。

もう一つの開発に関連するキーワードとして「支援環境開発」について触れておきたい。これは，大島巌が近著『マクロ実践ソーシャルワークの新パラダイム：エビデンスに基づく支援環境開発アプローチ～精神保健福祉への適用例から』におけるサブタイトルにある用語である。同書において大島は，支援環境を「社会的に支援が必要な人たち(当事者)の福祉・ウエルビーングを実現するために，①必要で有効な公私にわたる援助資源や支援プログラム，および②国家・社会一般の理解や協力」としている。その意味では，支援環境のなかに，支援プログラムといういわゆる資源とそれを生み出したり，うまく機能させたりする一種の装置のような環境とが，包含されており，開発する対象が二重に含まれていることになる。

支援プログラム(狭義の資源)とそれを生み出したり，うまく機能させたりする一種の装置のような環境とを区別することで，開発福祉はより後者の環境を創出したり，機能させたりする点に力点をおいていることが明確になるといえる。もちろん，大島のいう「②国家・社会一般の理解や協力」も開発福祉の重要な対象といえる。いずれにしても，メゾやマクロのソーシャルワーク実践の領域と開発福祉は重なりをもつことになっている。

しかし，われわれは，開発福祉をソーシャルワーカーの専売特許とはみていない。次にこの点を深めてみたい。迂回する形になるが，開発は，ソーシャルワークではなく地域福祉の分野では，古くからキーワード化されてきたことを

踏えて説明しておきたい。

開発福祉による接近としての本書の意義

　本書が提起する開発福祉と，これまで地域福祉が主張してきたたとえば「開発実践」(藤井，2016)との違いを明確にする必要がある。実際，藤井博志が清水明彦とともに執筆した第12章は，後者の視点から展開されている。藤井の開発実践概念には，地域社会の開発（コミュニティワーク），地域共同ケアの開発，地域福祉ネットワークの開発が想定されている。また，その担い手として社会福祉協議会が設定されていることから，地域福祉分野での開発実践に相当している。ただし，藤井は，今後の地域福祉の展望においては，地域福祉施策とまちづくり施策の結合を福祉的な自治の形成あるいは福祉社会の形成という観点から強調している。この強調は，本書第Ⅲ部における「福祉とまちづくりの融合」の視点と同様のものである。むしろ，本書の第Ⅱ部にみる「地域再生」への接近を視野に入れたことで，地域福祉にとどまらずに，開発福祉として再構成することを選択したともいえる。この点を踏まえながら，本来の開発福祉の担い手の話にもどろう。

　本書の特徴として，開発福祉の担い手は多様であると考えている。厳密には，先の構成要素で触れた拠点における支援の多機能化とともに，支援を担う「人の多機能化」（第6章では，多機能ワークと表現される）に着目している点が重要といえる。もともと第Ⅱ部では，生産サイド，いいかえれば地域振興や地域づくりの側からの人材提供に視野を広げる高知県の発想に着目し，集落支援員や地域おこし協力隊の人材の財源をも取り入れた戦略を示している。そして第6章では，現場ワーカーとしての生活改良普及員に注目しつつ，彼女たちが取り組んだ「地域とそこに暮らす人々を資源として捉え，〈いま，ここ〉から始める」というアプローチが，開発福祉の原点的な性格をもつことに触れている。

　第9章では，積極的に「外部人材の受け皿」を中間支援組織の活用によって実現している。第12章は，個々の支援の取り組みから人権の擁護や権利の擁護（アドボカシー）へと展開できる地域人材を，開発福祉の担い手として位置づ

け，地域の人材が持続的に社会参加できる条件は，「当事者，専門職，地域社会の相互エンパワメント」の形成にあると指摘している。ここでは，支援される側と支援する側の間に形成される相互自己実現が強調されている。開発福祉は，こうした相互作用の累積を生み出す福祉として展望可能なのではなかろうか。第10章では，生活支援コーディネーターの体制整備の役割が，開発福祉の新たな制度的な展開を条件づける実践となることを予想している。誰が生活支援コーディネーターを担うことになるのか，多様な領域からの登用がむしろ地域づくりへの促進要因となるともいえるのである。

　このように，開発福祉をソーシャルワーカーの専売特許とせずに，多様な人材が担うことで，福祉領域からまちづくりや地域再生といった新たな領域へと福祉が越境し，そのことを通じて，福祉社会が形成されるといってよい。このような支援環境の新たな創造については，第2章においてより深められることになる。

注
(1)　地域包括ケア研究会（2016）『地域包括ケアシステムと地域マネジメント』における地域マネジメントの定義は，以下のようである。「地域の実態把握・課題分析を通じて，地域における共通の目標を設定し，関係者間で共有するとともに，その達成に向けた具体的な計画を作成・実行し，評価と計画の見直しを繰り返し行うことで，目標達成に向けた活動を継続的に改善する取組」としている。

引用・参考文献
大島巌（2016）『マクロ実践ソーシャルワークの新パラダイム　エビデンスに基づく支援環境開発アプローチ――精神保健福祉への適用例から』有斐閣。
James Midgley, Amy Conley／宮城孝監訳（2014）『ソーシャルワークと社会開発――開発的ソーシャルワークの理論とスキル』丸善出版。
高橋誠一・大坂純・志水田鶴子・藤井博志・平野隆之編著（2016）『生活支援コーディネーター養成テキスト』全国コミュニティライフサポートセンター（CLC）。
平野隆之（2008）『地域福祉推進の理論と方法』有斐閣。
藤井博志監修／宝塚市社会福祉協議会編（2015）『市民がつくる地域福祉のすすめ方』CLC。
藤井博志（2016）『地域福祉の開発実践と基盤のマネジメント――社会福祉協議会の実践

研究から』同志社大学大学院博士学位請求論文。
穂坂光彦・平野隆之・朴兪美・吉村輝彦編著（2013）『福祉社会の開発――場の形成と支援ワーク』ミネルヴァ書房。

第2章
開発福祉の視点

穂坂光彦

　過去3年間の私たちの主たる研究フィールドは，孤立する中山間地や同和対策法制終結後の都市被差別地区，「南」世界の貧困地域，そして多くの行政職員が喪われた東北被災地の三類型であった。そこでの実践者たちに接しながら，それぞれ「制度の不全」を埋める試み，「制度の不在」を越える試み，「制度の喪失」から蘇る試みを探ろうとしたのである。

　これら制度福祉に依拠できない領域や，社会や，状況にあっては，人びとは開発福祉を実践する。それは集落福祉やコミュニティマネジメントであり，福祉メカニズムの開発であり，そして共生空間の創出である。その中で，逆に制度福祉の限界もみえてくる。従来の専門職主導の制度アプローチは，人びとの自由と参加を侵しかねないということだ。したがって，制度アプローチを越えようとする開発福祉は，新しい視点と機会を福祉分野に提供しうるように思える。

　本章では，上記のフィールド研究と若干の理論的考察を踏まえ，「開発福祉」の枠組みと方法を模索している。それは既存の制度的ディシプリンで説明すれば，コミュニティを対象とするソーシャルワークと，経済的な参加を促進する開発ソーシャルワークとに基礎づけられるが，それらが相互還流的に融合し，働く力と機会を生み出す「地域支援」として実践されることに特徴がある。その結果，地域では非制度的な地域支え合いやまちづくりが促進されていくが，その際に重要なのは，制度的な行政・市場との間に「中間的社会空間」が形成されることである。そうした空間は「場」や関係や活動から構成されて，住民諸個人を包む。

　私たちはしかし，開発福祉を担う独立の専門職養成を目指してはいない。福祉と開発の統合を体現する理念型としてロールモデルのイメージは必要だが，多様なワーカーと住民が相互に学びあいながら現場に関与し，多機能的に働くことで，それぞれの現場の「開発福祉」が形づくられていくと考えている。

第Ⅰ部　開発福祉とは何か

1　自由と参加の福祉へ

ニーズ対応の陥し穴

　私が初めてインド農村を訪れたのは1978年春であった。その2年前に国際労働機関（ILO）が，途上国の開発政策のための「ベイシックニーズ戦略」を打ち出していた。旧来のトリクルダウン効果を前提とする外資導入型から，貧困層のミニマムな生活水準（衣食住，教育，保健，雇用）を満たすニーズ充足型へと，各国の開発政策を転換させることをねらっていた。

　これを受け，ベイシックニーズに対応する開発計画方法論を築くための基礎調査として，私が属した国連チームはインドの貧しい集落の世帯を1戸ずつ訪問した。家具から台所用品，米の残量に至るまで調べて歩いたのである。いささか笑い話めくが，インド農村女性の「衣」のミニマムニーズはサリー2枚だ，さもなければ洗濯している間に身につけるものがない，といった議論までなされていたのである。

　かけだしの国連職員であった私にとって個人的には貴重な経験であったが，今にして思えばやや素朴すぎるこの調査の隠れた前提は，物質的還元主義と厚生主義（welfarism），つまり人間のニーズが畢竟その人の持ち物の集合に帰着し，その欠落を補填することが開発となる，という発想にあった。この限界を理論的に知らされたのは，ずっと後日，アマルティア・センの以下の発言に接したときである[1]。

　　ベイシックニーズ型の発想の誤りは，人間をエイジェント（agents：行為主体）でなくペイシェント（patients：ケアの対象）として扱ったことである。人間は変化へのエイジェントでもある。君がスラムの人たちを前にして考えるべきことは，彼らのニーズは何か，ということではなく，もし彼らが本来の力を発揮する自由を与えられたならばどう行動するか，そして君はどのようにしてその自由を拡大できるか，ということである。

　スラムを訪れたワーカーが住民のニーズ特定から出発すれば，住環境が劣悪

だ、とみなし、公共住宅をあてがうというベイシックニーズ施策に直結しそうである。しかし、諸個人が手にする「結果」のみに注目する効用主義を、センは批判している。制度的な基準に満たぬものを事後的一方的に提供する福祉パターナリズムは、人びとの自由と参加を侵しかねないからである。(2)

制度不在と制度不全

戦後世界の開発政策は、行政による個別福祉サービスの拡大と、市場浸透を通じた経済成長に向けられた。それは「南」世界も「北」世界も同様である。ただし南では概ね制度化の度合いは低いのに対し、日本の市民は言わば重度制度化社会（tightly institutionalized society）に暮らしている。日本のように固く制度が張り巡らされ、制度外活動がしばしば違法活動とみなされがちな社会では、縦割り制度の谷間に落ちこんでいる問題はいっそう厳しく現れる。(3)

しかし考えてみれば、現代の「制度」が成立する以前から「非制度」的な社会システムは人びとの暮らしを支えていたはずである。制度の側から発想すれば、地域社会にいかに行政サービスの「受け皿」をつくるか、という課題になるが、逆に、いまや制度不全の社会で人びとが安心して生き抜くためにはどうすればいいのか、と考えていくと、人びとが新たに生み出そうとするしくみを受けとめることができる制度とはどのようなものか、という逆ベクトルの問題になる。

実際、南の国々では、大多数の国民が社会保障制度の枠外におかれている状態の下で、地域住民による多様な試みが胚胎しやすい。貧困女性たちがグループ貯金を基に相互融資を展開して生計を向上させ、さらに死亡共済や医療共済など自前の「草の根社会保障」を編み出す動きは、そうした好例である（穂坂2013）。さらに、こうした動きを連携させ、自治体レベルで住民主導の基金を設置しながらコミュニティ福祉をすすめる傾向も、アジア諸都市で広がっている。こうした福祉メカニズムそのものの創出を、私たちは「福祉開発」と呼んできた。

図 2-1 に示すように、行政の制度的サービスは、制度によってアイデンティ

第Ⅰ部　開発福祉とは何か

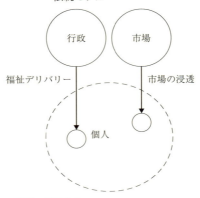

図2-1　制度サービスと経済成長の伝統モデル

出所：筆者作成。

ティ（「障害者」「高齢者」「貧困世帯」等）を認定された個人に対して，定められた施策を供与する。またフォーマルな市場機構は，市場での標準を満たす労働力や購買力の担い手というように抽象化された個人を参加者と認め，そうではない者を排除する。抽象化された，というのは，「地域」のような領域的（territorial）な現実世界の文脈から切り離されて，市場機構の中で機能的（functional）にのみ扱われるからである。[4] しかもこの傾向は経済グローバル化とともに強まり，そもそも人びとに現実的な「絆」を与えるような地域は南世界ですら縮小ないし消失し，（意識的に再構築しない限り）実際に見出すのはむしろ難しい。

　制度的福祉の枠組みは，実は安定した基準によって対象を選別できる定常的な文脈でのみ機能しうる。このような文脈は，歴史的・世界的には，むしろ特殊である。社会変化を追って制度はたえず修復・拡大されるし，そうでなくてはならないが，現実に現代日本の主要な福祉課題は，中山間地の孤立や都市貧困地域の荒廃など，既存制度が機能しにくい領域に生じている。

　この問題を乗り越えるための一つのヒントは，より緩く制度化されている（loosely institutionalized）南の国々で，頼るべき制度をもたない人びとが，自分たちでコミュニティの経済と福祉のメカニズムをつくり出してきた動きに学べ

るのではないか，ということだ。ジョン・フリードマンはベイシックニーズ戦略を批判的に継承する議論の中で，南世界の農村貧困世帯が生活改善への力を奪われているのは，社会的な力の基盤となる8種の資源（守りうる生活空間，知識やスキル等）へのアクセスを閉ざされているからだとした。それら資源の多くは，行政との接点となる「空間」を介して交渉や参加を通じて獲得されるが，その媒介空間がないゆえに住民による共同行動の出発点となるのは「社会組織」と「社会ネットワーク」の2つの資源であるという（Friedmann 1992：70）。これは，日本で制度外に置かれた人びとが生活再建を図ろうとするときの方法的な手掛かりになるように思える。つまりグローバルに通底する課題への対応として「開発福祉」を概念化できるのではなかろうか。[5]

2　制度のギャップと開発福祉

中山間地の生産的福祉

　人口減少が続く日本の中山間地では，在宅介護の必要な高齢者が距離を隔てて点在する。既存の介護保険制度では，うまく対応できない。たとえば訪問看護師が制度的に採算の取れるペースで効率よく巡回するのは困難だからである。このギャップを埋める制度修復が必要だが，問題は介護にとどまらない。農作物を出荷するチャンネルがなくなり，公共交通機関が機能しなくなり，小売商店という市場機構が回らなくなり，そして集落機能として支えあってきた村の伝統的制度も担い手がいなくなっている。

　私たちが黒潮町で，高知県自治研究センターの招きにより注目してきたのは「庭先集荷」の試みである（本書第6章）。町からの委託で山道を車で巡って作物を集荷するチームが現れたことで，それまで作付けも止めて閉じこもりがちだった高齢の農業者が再び出荷するようになった。その一人K子さん（当時80歳）は「穫れたものを人にあげれば有難うと言ってくれますが，本当に必要なのかはわかりませんですね。でも直販所で売れるということは，お金を出しても欲しいと思ってくれる人がいるということ，楽しみです」という（2012年8

月のインタビュー)。市場に参加することで，人とつながる手ごたえを得ているのだ。

そのようにして独居高齢者が働く歓びを回復し元気になっていく，元気になっていくから村の生産的人口が維持される，という循環は，理論的には「社会的投資（social investment）としての福祉」である。ジェームズ・ミジレイが主張する投資型の福祉とは，福祉的対象に対して経済的生産力を維持回復させ，個人的にも社会的にも経済的利得が確保できるように資源投下する生産主義的福祉（productive welfare）である。事後的・救済的な福祉手当と対比される（Midgley 1997：156）。庭先集荷のような高齢者サービスは，その投資的効果によって，消費的社会支出のニーズを低下させるからである。[6]

集落福祉の概念化

かと言ってこのアプローチは，新自由主義的な処方箋によって個々人を「自立」させて市場に送り出し，「自己責任」によって生活再建を計らせようとするものではない。地元出身で庭先集荷者としてK子さん宅を訪れていたY氏は「自分は福祉ワーカーではない」と言い切るものの，かといって作物とお金の交換ビジネスをしているだけでは集荷自体が成り立たないと語っていた。彼は，高齢農家の庭先で取引し，話を聴き，同時に見守りをし，時には買物を代行し，さまざまな情報を伝え，という〈支援〉の機能をも担ったのである。

一方K子さんに，売りに出す野菜の値段の決め方を聞くと「自分は年金でなんとか食べていけるので，他に同じものを出荷してそれで生活してる人がいるときには，出すのをやめたり，あまり安くしないように気をつけます」というのであった。〈配慮〉ある市場参加なのだ。

つまりグローバル化した市場と個人との中間領域に，形がふぞろいで出荷数や時期も不安定だが，それゆえに，それなりに，取引できる「中間的営農」の場が開け，それは支配的な市場機構や定型サービス供給の行政制度からは相対的に自立したところで，支援や配慮によって，すなわち村人の関係を再構築しながら，成立しているのである。そのための集荷チームが，黒潮町の場合は有

限会社なのだが,いわば中間支援組織として行政の代理役 (agent) を演じ,かつ行政の外にあるゆえに,福祉と農政の行政縦割りを比較的身軽に越えて福祉＝開発の支援をしていることにも注目したい。

　中山間地における制度ギャップを埋めるこうした動きを理論化する試みが「集落福祉」(平野・藤井 2013) である。本章ではこれを次のように定義しておきたい。集落福祉とは,集落機能を自ら維持するための諸活動と,その支援環境から成る体系であり,集落内外の社会関係を再構築し,それに基づいて経済生産性を維持し,新たな生産・流通関係の展開が翻って集落維持の社会ネットワークを再生させるような関係形成の循環を目的とする。この際に,福祉的投入は上記の「社会的投資」として,つまりニーズへの後追いサービスよりもニーズの発生を防いで人びとの経済的生産力を維持する形でなされる。一方,経済的投資は競争的収益よりも,上のような中間的営農や中間的市場の諸関係を強化して福祉的効果をあげる「社会的責任投資」としてなされることになろう。このような関係を,開発福祉における福祉と生産 (開発) の融合と私たちは考えたい。

3　方法としての「中間的社会空間」

まちづくりの中間支援

　箕面市北芝地区で反差別のまちづくりを推進してきたのは地元の「NPO法人　暮らしづくりネットワーク北芝」である (本書第9章)。これをリードしてきた井上勉氏は,次のように語る (穂坂他 2013：172収録の座談会の一部)。

　　地域の外とつながることで差別をなくす。関心を同じくしてつながる。いろんな文化を入れる。地域を開いて,入ってきた人たちにも関わってもらう。すると当然摩擦を生じます。実際に地域の内外でつながるには,中間装置が必要なのです。それがこのNPOです。自尊感情が低くていきなり外には出にくくても,まずここに来る。外の人も面白いと思ったら,まずここに自由に入ってくる。

第Ⅰ部　開発福祉とは何か

図 2-2　開発福祉モデル

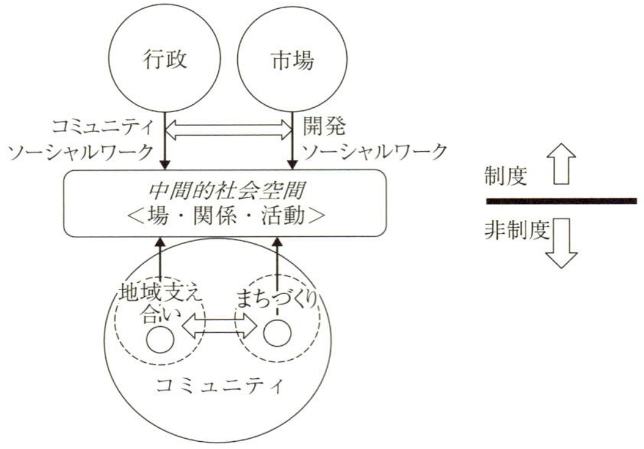

```
          行政      市場
     コミュニティ ↔   ↓ 開発
    ソーシャルワーク    ソーシャルワーク    制度 ⇑
    ┌─────────────────┐   ─────
    │   中間的社会空間      │    非制度 ⇓
    │  <場・関係・活動>    │
    └─────────────────┘
       地域支え まちづくり
        合い  ↔
          コミュニティ
```

出所：筆者作成。

　彼は，いわゆる「中間支援組織」と呼ばれる組織の働きについて説明しているのだが，むしろこうした中間的機能を成り立たせる「場」のイメージが表現されている。人びとの活動領域やそこでの関係形成において「中間的社会空間」（intermediate social space）ともいうべきものをつくり出してきた，ということではないだろうか。

　行政による制度的福祉サービスの枠外で，住民同士の支え合う関係を構築することにより福祉ニーズを満たそうとするのが地域福祉であろう。北芝の住民による制度外送迎サービス「萱野テクシー」や，共済会員への「地域みまもり券」は，こうして始まった。いわゆる「コミュニティソーシャルワーク」は，制度に発するとしても，まさしくこうした地域支え合いを通じて制度ギャップの課題にアプローチする専門的介入であるとされる（図 2-2）。ところが日本のような高度制度化社会で活動を持続させるためには，いずれ何らかの「制度化」が必要となる。そして制度がコントロールしはじめると，人びとの生き生きとしたイニシアティブや発想が殺がれ，逆に抑圧されていくというジレンマがある。こうした例は枚挙にいとまがない。

　一方，地域福祉を補完するようにみえるのが，近年「まちづくり」と呼ばれるコミュニティ開発である。地域の活性化を，グローバル化した市場の拡大・

浸透に任せることなく，住民の活力を引き出し「手づくり」で進めるものだ。北芝では，たとえば地区内の広場にコンテナ改造のチャレンジショップを設けて住民の起業を促し，地域通貨「まーぶ」を発行して子どもの夢の実現を応援してきた。しかし「まちづくり」は，それに歓びを見出せる人や元気な人が先頭にたって推進する性格のものであるから，次第に地域内格差を生じかねない。そこで求められるのが，住民による地域支え合いのまなざしと，それを生み出す関係性である。北芝の若手ワーカーである埋橋美帆氏は，ソウル市の名高いまちづくりの現場 S 地区を訪問して感銘を受けた後，なお「でも，あのまちづくりは『できる』人たちの運動ではないか。北芝では，いつもつぶやきを拾おうとしている」と感想を吐露した。彼女がソウル市で，より親近感を抱いたのは都市貧民運動を基盤とする K 地区でのまちづくりであった。

つぶやきが聴かれる場

　北芝のまちづくりで強調される「つぶやき拾い」は，組織されるワークショップ（写真 2 - 1 ）では発言されない，あるいはワークショップの散会後に道すがらフっと漏らされる，さらにはワークショップに出てこない人が街角で小さくつぶやく，そうした声を聞き逃さずに，みんなの問題として考えていくことを指す。つぶやきの背景にある福祉ニーズを住民同士が敏感にとらえ，自分たちにできる対応策を考え，行動に移していくためには，住民を囲むある種の社会空間が必要なのだ。ここが，図 2 - 1 の専門職型アプローチ，つまり制度を背景にニーズを特定する方法とは，決定的に異なるところである。

　人を制度的対象とのみ見なす行政介入や，貨幣的交換価値のみで能力判定される市場から相対的に独立した領域で，経済的社会的なバッファーに守られて，人びとは領域的な文脈を回復し，コミュニティを基盤とするさまざまな試みにチャレンジし，そしてこうした自治的空間を媒介して，外部の行政や市場と関係を結び直していくことができる。つまり自覚的に選びながら行政や市場を利用することが，潜在的には可能となる。このような媒介の場が中間的な社会空間である。この形成こそが，地域福祉やコミュニティ開発が機能する前提となる。

写真2-1 北芝の住民ワークショップ（2001年頃）

ファシリテーターが分科会の中に混じりながらつぶやきを拾おうとする様子がうかがえる
撮影：CASEまちづくり研究所。提供：北芝まちづくり協議会。

したがって、いわゆる「地域支援」が方法的に目指すべきは、中間的社会空間を構成する場、関係、活動といった要素の発見や再生でなくてはならない。

　先に南世界の「草の根社会保障」に触れた。スリランカのスラムに発して全国規模の連合体となった「女性組合」は、そうした先駆例である。このメンバー達つまりスラム住民の多くは、農村から流入して、それぞれ何とか住む土地を見出して定住した人びとだ。隣同士で肩を寄せ合って暮らしているものの、実は互いの生活ニーズや背景はそれほど知らないのである。つまり伝統的な共同体に埋没しているわけではない。女性組合のことを耳にして後に、一人ひとりが自由意思で組合に加入し、近隣グループで貯蓄と融資を始め、共済の口座を開設する。毎週定期的に開かれるグループ会合が、はじめて互いに自分の生活困窮を打ち明け、子どもの制服をそろえる金策や、夫の病気について相談し合える場となる。こうした場から、共同購入や遺族年金の新しいしくみが生まれていく。

　各自が自身の利害を自覚的に判断し、必要な融資を得て家計を支え、適切な共済口座を選択し、自己投資しながら所得保障を確保しているのであるが、しかしそれは「自己責任」によって金融市場にアクセスして個別に生活再建を図るのとは異なる。組織的連帯を通じることによってこそ、資金アクセスを高めているのであり、またこうした中間組織を媒介する社会参加が逆に共同性を高めるのである。彼女たちが築くグループやその連合組織、定期的な会合の場、

自律的な融資規則といった仕掛けが織りなす独自の中間的社会空間において，彼女たちのつぶやきが守られ，プログラムが胚胎し，それが外部世界との媒体となる。軽度制度化社会であるから，この場合の活動の持続性を担保するのは，制度化よりも，こうした中間的空間の存在そのものである。

4 開発福祉の枠組み

共生的な空間

　2015年9月，国連総会は「持続可能な開発のための2030アジェンダ」を採択し，世界が達成すべき17の開発目標を定めた。これは「南」にも「北」にも関わる目標とされている。その包括的なスローガンは「誰一人置き去りにしない」(no one will be left behind) である。

　「置き去りにされる」人は，市場から，制度から，排除されている。排除は能力でなく関係性の問題である。だから「参加」のためには，人を変えるのではなく，マクロなシステムを含む排除的関係を変え，各人の自由な参加を抑圧する条件を取り除かなくてはならない。冒頭にあげたセンの発言が意味するのは，それである。包摂 (inclusion) とは，統合 (integration) と異なり，システムの側を変えて各人の居場所をつくることである。そのようにして人は，制度的に付された当事者アイデンティティを越え出て，エイジェントとして行動する可能性が開ける。

　たとえば北芝で最近行われている若者への「就労支援」では，市場で提供される職に合うように若者を訓練してハローワークと結ぶ，のではない。ひきこもり状態にあったり，学校や家庭に居場所がなかったり，失職を繰り返す若者らに対して，気楽に集まれる場，食を共にできる場を提供し，かれらが生かされる働きの場を地域の中に見出し，また作り出すことに重点がおかれている。それはたとえば地域の高齢者世帯の不要となった大型家具の処理であったり，買物同行だったりする。また地域内外の事業所と提携して，データ入力や衣料品のタグ付け，ポスティングなどの「中間的就労」の場を設ける。かれらの協

働作業の場としてコーヒー焙煎事業を始めたりもする。それらはまさしく「中間的」な領域であるが，参加を奪われた人たちが生き生きと生産し生活できる非制度的な関係を，地域の側からつくり直すことを意味している。中間的ゆえに，その場で安心してチャレンジし，成長していけるとも言える。

　こうした動きは，制度的には，就労継続支援Ｂ型事業所の，決して多くはない例にも見出しうるものだろう。事業所利用当事者が賑々しく移動販売する「ぎょうれつ本舗」(本書第11章)を推進してきた田村きよ美氏は，あえて施設の「外に就労の場をつくる」理念を守るために，職員配置を何とかやりくりしつつ事業継続してきたという(2016年9月のインタビュー)。巡る先々で駐車スペースを交渉し，移動商品を「待ってくれている人たち」を各地に生み出し，それに対応して巡回側の当事者に「売る歓び」とそのためのスキルとディシプリンが育つのを見守ってきた。商業的に効率よく巡回販売するのとは異なり，むしろ「お釣りを数えるのはゆっくりでいいよ」と声をかけられ，ときにはお茶によばれる，という場で，相互作用を通じて地域が変わり，当事者が成長する。こうした中間的社会空間を通じた地域変容こそ，開発福祉の「福祉」的介入として目指すべきことだろう。

開発福祉の支援ワーク

　ミジレイは，南世界で実践されてきた社会開発を背景にして，そのための専門的介入である「開発ソーシャルワーク (developmental social work)」が北側世界でも有効であると主張している (Midgley & Conley 2010)。もともと社会開発は旧英領西アフリカに起源をもつとされる。伝統的福祉は，植民地行政においても都市を中心とした孤児院や矯正院などの施設型救済的福祉サービスに限定されていた。それを補完し，大衆的貧困に取り組む活動として，農村部での識字教育，診療所の設置，女性の組織化と生業支援，小規模インフラ整備など，コミュニティ対象の「開発的」アプローチが福祉当局によって導入されたのが「コミュニティ開発」であり，後に視野を拡大して社会開発となった。

　ミジレイは先述の生産主義的福祉論に基づいて，「北」の児童福祉，障害者

福祉，貧困緩和など多様な領域で，ソーシャルワーカーが救済的消費型サービスから開発的ソーシャルワークへと重点を移すべきだという。具体的な手法としては，職業スキル研修，マイクロ起業，社会的企業への雇用促進，資産管理支援，障害者の自立生活と所得確保，働く母親への子育て支援，マイクロクレジットを含む融資提供等の例があり，また金銭的手当にしても，生活保護よりも南諸国での条件付き現金給付（CCT）や，アメリカでの個人開発口座（IDA）による資産形成・投資奨励などが挙げられる。

　ただし，これらはどちらかといえば「個別支援」である。本来の社会開発的文脈から遊離しているのは否めない。開発ソーシャルワークの重要な側面は，最終的には市場とリンクさせて諸個人の経済的な活性化を図ることであろうが，その一方でミジレイらは，個人の課題にコミュニティ対象の地域支援を通じてアプローチすること，たとえば問題を抱える子どもに個別介入するのではなく，親や地域の能力を高め「地域支え合い」を通じて解決を図る支援方法も，同様に開発ソーシャルワークとみなしているようにみえる。だが，これは日本では「コミュニティソーシャルワーク」に該当するであろう。端的に言えば，「生産的な支援」と「地域支援」との連関が必ずしも明らかでない。

　そこで私たちは，上に例示したような開発ソーシャルワークとコミュニティソーシャルワークを概念的には区別した上で，「開発福祉」を支える2つの相互補完的アプローチとしておきたい。必ずしも二種の専門職を要請するのではない。むしろ既存のソーシャルワーカーや既存の開発ワーカーがそれぞれ複合的な視点を備えていくべきだろう。これら2つのアプローチが相互補完的となるのは，各地の諸事例で示唆してきたように，私たちが考える開発福祉はコミュニティを基盤とし，地域を媒介して実践されるからである。まさしく庭先集荷や地域活性化・まちづくり支援が，開発福祉の支援ワークに該当するわけである。地域の中で支え合いやまちづくりが生まれ展開することをめざして，コミュニティソーシャルワークと開発ソーシャルワークの両視点からの支援があり，住民の支え合う力が高まり，地域活性化への機会が広がる。

　その際に方法論的に着眼すべきは，中間的社会空間の形成であり，この空間

内の関係に守られ，この空間を通して，人びとはケアの対象でなく選択の主体として，サービスを受けとめることが可能となる。逆にこの空間なくしては，開発ソーシャルワーク的介入も個別支援にとどまりがちである。

　私たちは，制度を越えて福祉を築く人材をロールモデルとして描くときは，理念型として「福祉開発マネジャー」と呼んできた。しかし開発福祉は，臨床的な支援アプローチにとどまるものではない。支援的な制度環境（enabling environment）を策定する政策枠組みでもあり，また福祉現場のプロセスを開発的な視点から検討する理論枠となることも期待したい。

　少なくとも短期的には，開発福祉がそれに特化した独自の専門職によって提供されるとは考えにくい。とりあえず「開発福祉の支援ワーク」と称しておくと，それは多様な専門職がそれぞれ多機能的に担い，あるいは地域の住民自身によっても推進されるものと思われる。そこから学ぶことは多いはずだ。たとえば「場づくり」に関わる専門職にとって大切なのは「つくる」ことよりも，ふつうの多様な人びとが実際につくり出している場を地域に「見出す」ような視力である。

開発福祉の展望

　包摂的な社会形成が，地域レベルでの人びとの参加を守ることのみで達成されるわけではない。人びとを排除する要因，自由を抑圧する条件の多くは，マクロレベルで規定されている。これを克服するには，制度的背景そのもの，市場的背景そのものの変容が必要である。行政制度は，既述のようにコミュニティでの「受け皿づくり」とは逆のベクトルで，地域の動きを受け止めて支える方向に変わらなくてはならない。市場機構は，社会的責任投資や連帯経済を軸とする「人間の顔をした」市場へと変容しなくてはならないだろう。そうしたマクロ変化を背景にしてこそ，開発福祉の支援ワークは発展しうる。

　制度変化・市場変化のありようの考察は別の機会に譲るほかはないが，バングラデシュで700万人の土地なし貧困女性を銀行融資のパートナーとしたグラミン銀行創始者ユヌス教授の発言は，その具体的な可能性を示唆している[7]。

私が示したかったのは，土地なし貧困女性たちが融資対象となる(bankable)ほどに変われることではない。彼女たちがもともと力を備えているのは，私には自明だった。私が示したいのは，銀行が変われば，誰もが融資対象として実際に力を発揮できること。もしも銀行が，担保を持たない人も排除せず，女性であるからと融資を拒否することなく，町までのバス代を払えない人にもアクセスできる制度に生まれ変わることができるなら，土地なし貧困女性たちも銀行を利用して自ら生活を向上させることができる，ということであった。
　変わるべきは女性たちではなく，彼女たちを排除し自由を奪っている制度の方であった。そしてまことに，銀行は変わったのだった。
　開発福祉は投資的であるから，長期的には社会的支出を低下させうる。しかしこの「社会的投資」が，短期的に制度福祉のコストよりも低いとは必ずしも言えない。財政縮小のために制度福祉を後退させると考えるのでなく，制度を越え出る福祉へと，福祉投入の重点を移していくということになろう。新しい投入先は，人びとの自由と参加を拡大させる福祉である。

注
(1) 国連 Habitat によるビデオ Agents of Change : Amartya Sen's Five Freedoms (2002) に収録された発言。「エイジェント」とは，自他の福祉のために自ら責任を担って行動する主体であるが，近代主義的にアプリオリに措定される主意的な「個人」ではない。センは「適切な社会的機会の下では，諸個人は効果的に自己の運命を形づくり，また相互に助け合うことができる」(Sen 1999 : 11) として，エイジェントを成り立たせる社会条件に注目している。
(2) 「南」世界の低所得者住宅政策は1970年代から80年代にかけて大きく転換し，公的住宅供給よりも，人びとが住まいを生産するのに必要な資源（土地，融資，建築材料，コミュニティのインフラ，情報など）へのアクセスを支援する政策に傾斜するようになった。これを支援的住宅政策（enabling housing policy）という。
(3) いうまでもなく「制度」とは，行政による事業制度のみではない。フォーマルな市場機構も，村落共同体の伝統的な支え合いのしくみも，制度である。しかし本章では，福祉や開発事業の文脈で考えるときには，「行政」制度を対象とする。それは「受益者の

定義と指定要件を厳密に定めた上で予算措置や支援を」施し，政策目標を現場での「実施に向けてルーチン化するための行政手法」（余語 2005：160）である。
(4) ジョン・フリードマンは，「領域」と「機能」を社会統合の2つの主要な（相互に矛盾する論理を持ちながら現実には共存し相補的に働いている）原理と考えている。地域への経済投資は市場「機能」を通じて〈経済空間〉を拡大させ，全体的な経済成長に結びつくとされる。機能的な関係の中で，人は特定の目的に資する「資源」となる。しかし人は，経済学が描くように生産諸力によって職を変わったり移住したりするだけの存在ではない。それ以上に，ある地理的範囲で区切られる〈生活空間〉に深く根ざした人間関係の中で生きる存在である。そこで人びとを結びつけているのは，共通の歴史や共同経験の蓄積であるという。このような関係を「領域」的関係という（Friedmann 1988）。
(5) 本章はできるだけ日本国内の文脈に沿って議論するが，穂坂（2017）は主として「南」社会の動きから同じ課題にアプローチしているので，参照されたい。
(6) この理論的背景には，エスピン＝アンデルセンによる福祉国家論がある。彼は，スウェーデン型福祉国家モデルは生産主義的福祉に本質があり，事後的救済よりも予防的な社会政策に傾斜しているとする（Esping-Andersen 1992）。なお社会的投資による見返り（return）は所得確保自体として重要であるが，さらに人間の尊厳や生きる機会の拡大といった人権保障の観点からも「社会的責任投資」による仕事づくりが要請される（Lamichhane 2015：9）。
(7) グラミン銀行と創始者ユヌス氏は，2006年のノーベル平和賞を受賞。グラミン銀行は「人びとが銀行へ行くのでなく，銀行が人びとのところにやってくる」をスローガンに，銀行員が村の中の女性の集まりで取引をし，担保を要求せずにグループの連帯責任に基づいて小口融資を提供し，貧困削減に大きな効果をあげたとされる。この談話は1988年バンコクでのセミナーから。

引用・参考文献

平野隆之・藤井博志（2013）「集落福祉の政策的推進に向けて――地域福祉による中山間地支援」『地域福祉研究』41，126-132。
穂坂光彦（2013）「アジアの草の根社会保障」穂坂他編著『福祉社会の開発――場の形成と支援ワーク』ミネルヴァ書房，69-93。
穂坂光彦・平野隆之・朴兪美・吉村輝彦編著（2013）『福祉社会の開発――場の形成と支援ワーク』ミネルヴァ書房。
穂坂光彦（2017）「包摂型アジア都市への『中間的社会空間』試論」大阪市立大学都市研究プラザ編『包摂都市のレジリエンス』水曜社，195-206。
余語トシヒロ（2005）「地域社会と開発の諸相――発展途上国における福祉社会形成への考察」日本福祉大学 COE 推進委員会編『福祉社会開発学の構築』ミネルヴァ書房，

160-176。

Esping-Andersen, Gøsta(1992)"The making of a social democratic welfare state" in Misgeld, Molin and Åmark eds. *Creating Social Democracy : A Century of the Social Democratic Labor Party in Sweden*, Pennsylvania State Univ. Press. pp.35-66.

Friedmann, John(1992)*Empowerment : The Politics of Alternative Development*, Blackwell.(邦訳は『市民・政府・NGO——力の剥奪からエンパワーメントへ』新評論).

Friedmann, John(1988)*Life Space and Economic Space : Essays in Third World Planning*, Transaction Books.

Lamichhane, Kamal(2015)*Disability, Education and Employment in Developing Countries : From Charity to Investment*, Cambridge Univ. Press.

Midgley, James and Amy Conley(2010)*Social Work and Social Development : Theories and Skills for Developmental Social Work*, Oxford.(邦訳は『ソーシャルワークと社会開発』丸善出版, 2012).

Midgley, James(1997)*Social Welfare in Global Context*, Sage.(邦訳は『国際社会福祉論』中央法規出版, 1999).

Sen, Amartya(1999)*Development as Freedom*, Anchor Books.(邦訳は『自由と経済開発』日本経済新聞社, 2000).

第Ⅱ部

集落福祉への挑戦
——高知県にみる生産と福祉を結ぶ実践——

中山間地の集落福祉

急峻な山あいに高齢者が孤立して住み，行政サービスが届きにくく，コンビニやバスなどの商業的循環からも外れてしまう中山間地は，地域全体として制度のギャップにある。少子化と若者流出によって，地域内で生活を支え合ってきた伝統的制度も機能しにくい。

集落が消えていく危機感を背景に，そこに住み続けたい思いを住民が共有し，それを行政が継続的に支え，それとともに住民自身が新たな社会参加の機会を生み出して，集落維持に必要な福祉機能を保つことを「集落福祉」という（平野隆之・藤井博志による）。つまり集落福祉は，集落機能を自ら維持するための諸活動と，その支援環境から成る体系である。この課題に対して，県，市町村，集落レベルでそれぞれ多様に果敢に取り組んできた高知県は，私たちの中核フィールドの一つであった。ここでは「生産と福祉を結ぶ」開発福祉の視点から考察していきたい。

孤立化していく社会関係を，集落の内と外にわたって再編成し，それに基づいて人びとの生産的な力を維持する投資を行うこと。これによって再生される生産と流通の関係展開が，翻って集落維持の社会ネットワークを活性化させるようにマネジメントすること。これが集落福祉において「生産と福祉を結ぶ」ということの意味であろう。その理論的背景には，生産力を高めて消費的サービス支出を抑えるという「生産的福祉」の考えがあるが，たんに「社会的投資」の見返りが得られればいいというものではない。集落福祉にとって本質的なのは，関係形成の循環である。

そして私たちが高知県で学んだのは，集落維持の支援環境として「あったかふれあいセンター」や「集落活動センター」のような拠点型福祉と，「庭先集荷」のようなネットワーク型のサービスがあるということであった。これらを組み合わせ，そこに農漁業・商業などの生業支援を統合することが可能ではないか。組み合わせや統合には，現段階では再び制度的な縦割りの壁が立ちふさがることも少なくないが，土佐町でみられるような，関係者が横断的に地区に集まり討議し合う枠組みの形成は，未来への希望を感じさせる。

高知県での学び

第3章は，その土佐町での拠点づくりの展開について，実践者の立場から具体例を示しながら述べている。拠点と場が，時間経過とともに重層的に生まれ，しかもその圏域は集落，旧小学校区，町，そして町を越える嶺北地域と，多様化している。そう

した場で，課題に対応する「もの・しくみ・人材」が生成していったという。

第4章は，土佐町の「集落活動センターいしはらの里」の事例研究である。県の方針と支援の下に設置される集落活動センターは，制度的には産業振興施策となるが，政策的には福祉も含む分野横断的な活動拠点として期待されている。土佐町では石原地区に設けられた。4集落から成る旧小学校区である。注目されるのは，集落活動センター設立までの合意形成プロセスである。30回以上の説明会や住民ワークショップが行われ，4集落に共通する課題を摘出し，共同して行動するしくみができていった。こうして地区再生のための関係形成がなされ，集落活動センターは，単独の集落を越える中間的社会空間として機能しているという。

一方，土佐湾に面する中土佐町は，小規模自治体ながら，制度外の課題に行政の側から施策を講じ，地域福祉計画の進行管理体制の先進地とされている。第5章は，中土佐町の地域福祉と人材育成に関与したアクションリサーチの中間報告でもある。地域福祉計画の事業化と進行管理にあわせて，開発福祉人材が輩出した。たとえば「あったかふれあいセンター」コーディネーターは，福祉サービスの枠を超え，地域振興のための地域のコーディネーターともなっていった。地域支え合い活動を通じた「しごとづくり」をツールとして，生きづらさを抱える人の社会参加を促進し，地域の課題を共同で解決する互助基盤の形成が進んでいる。

戦後の生活改善の経験から

第6章は，戦後日本農村で生活改善に取り組んだ生活改良普及事業を振り返り，いま高知県黒潮町で試行されている「庭先集荷」への視点を提供している。農村生活改善は経済的貧困からの脱却のみならず，「考える農民」が自ら生活を選んでいく「暮らし全体の豊かさ」を目指すものであった。「生産と生活は車の両輪」だったのである。庭先集荷は，高齢農業者の生産を維持するとともに，見守りを含む福祉機能を付加する「多機能サービス」である。それにより出荷者は生きがいを回復し，自律的に生活を選ぶ手がかりを得ていく。いわゆる強い産業としての農業ではなく，こうした「福祉的な生産支援」が集落福祉を実体化する，と示唆された。その課題もまた指摘されている。　　　　（穂坂光彦）

第3章
地域をつなげる重層的な拠点の形成
——土佐町社会福祉協議会による集落支援

山首尚子・上田大

　高知県嶺北地域に位置する土佐町は，人口約4000人，高齢化率43％の中山間地である。伝統的な集落機能が衰退していくなかで，人びとが安心して生活を維持し続けるには，集落機能を再生する工夫が必要である。福祉は，定められた対象への制度サービスの提供にとどまることができない。地域全体の生産力，魅力，支え合う力を高めて，集落そのものを維持する地域づくりが，福祉の主要な課題となる。

　土佐町では，行政，社会福祉協議会（以下，社協），NPO団体，移住してきた人びと等，地域のさまざまなアクターがつながり，集落再生の工夫を展開してきた。それを陰から演出してきたのは土佐町社協である。本章で焦点を当てるのは「拠点づくり」という方法であるが，それは多様な人が集まり，つぶやきが拾われ，さらに地域で課題を解決するための「もの・しくみ・人材」が生まれる「場」であるという。それはまさに私たちが考える「開発」福祉の重要な側面である。しかも土佐町では，そうした拠点が時間の経過とともに重層的に生まれていき，それぞれの拠点に対する圏域としての地域的広がりも，集落，旧小学校区，町，嶺北地域と，多様なレベルにまたがる。そこには地域経営的な洞察がみてとれる。

　本章では，こうした拠点づくりと「もの・しくみ・人材」生成のいくつかについて，これまでの経過を分析する。また事例として，老人クラブという「中間組織」が関与しての茶畑再生，その後の困難，ヨソモノ・移住者による新たなスタイルでの関与，という興味深い展開を示す。

1 地域の拠点づくり・つぶやき拾い・つぶやき返し

地域の拠点づくりから始まる福祉とまちづくり

　土佐町社協は,旧小学校区における拠点づくりに取り組んできた。今後の集落機能維持にはそれが重要と考えたからである。この場合の拠点の福祉的機能として,次の3つがあげられる。

　①　福祉サービスの隙間を埋める活動の場
　②　地域の課題を地域で解決する力を集結する場
　③　つながりから新たな「もの・しくみ・人材」を生み出すことができる場
　これら3つの場の機能が衰退すると,集落は機能不全となる。

　土佐町では,老人クラブ・婦人会・子ども会・青年団等,いわゆるつながりづくりの役割を担ってきた地縁組織が衰退の一途をたどり,組織加入率の低下傾向が続いている。その傾向は多様性,個別性を求める時代の変化とも無縁ではない。しかし地域福祉推進をミッションとする社会福祉協議会（以下,社協）にとって,課題に向き合い,協働していく場の形成や組織団体活動は不可欠である。にもかかわらず地域の基盤が脆弱化しているため,課題が増幅してしまう状況にあった。

　一方,小集落は縦割りで降りてくる各事業の受け皿にされ,余裕を失っていた。ある旧小学校区で「話し合いの場」をつくろうと地域に足を運び,地区長に座談会への参加を求めたところ「これから農業関係の事業を地域で取り組むことになっており時間がない。障害者・高齢者の支え合いや防災活動などの話し合いは土佐町社協がやればよい」「座談会は何回もいらない！　同じことを繰り返すだけだ」という声があった。

　そこで社協が「福祉」をテーマに地域にアプローチしようとする場合,まずは縦割りの関係機関を横につなぐことが必要であり,地域に拠点を設けて,課題に向き合って協働していく場を築こうと考え始めたのである。

第Ⅱ部　集落福祉への挑戦

地域支援企画員との協働による拠点づくり——「とんからりんの家」

　2008年頃，土佐町社協が活動計画づくりのために開催した地域座談会では，荒れていく山の問題，鳥獣被害，防災・移動手段等あらゆる課題が出てきていた。けれども土佐町社協はそれを受け止め地域に返していくだけの力量を備えてはいなかった。

　この状況を変える大きなきっかけとなったのは，高知県が職員を市町村に配置する制度の下で，地域支援企画員(1)（以下，支援員）が土佐町では健康福祉課に席をおくことになったことである。それまで社協は町行政を通して県とやり取りをしていたが，支援員をおくことによって県からの直接支援や情報提供が得られ，また町行政の各課と話をつなぐ役割を担ってくれたことで，防災・福祉・教育等を横断する課題に社協も向き合うことができた。

　たとえば，支援員の指導を得ながらまず防災座談会や学習活動に取り組んだ。防災学習は，災害時要支援者を日ごろから地域で見守っていく地域福祉活動の重要な部分であった。しかし防災は総務課所管である一方で，自主防災組織は立ち上がっておらず，福祉課では災害時要援護者台帳を整備していたものの，社協が難病等の情報を得ることは困難であり，防災担当は地域支え合いという視点から各課を横断的に結ぶことは困難であった。そこで支援員がまず県の立場で町の職員とともに，住民に防災学習の必要性を説いてくれたことで，社協の地域防災座談会が進んだ。約3年をかけて全地域での学習を終え，次年度の取り組み目標まで作ることができた。

　土佐町社協はかねてより住民が主体的に運営する拠点（サロン）づくりに取り組んでいたが，地縁組織団体の衰退に伴い，集落単位のサロン活動には限界が見え始めていた。1か月に1回開催する程度では，見守り・支え合いや住民の生活課題を解決する場とはなっていなかった。地域力が低下し，ついにサロンを支える世話役さんもいなくなっていった。サロン活動の再編が，地域と社協の課題となっていたのである。

　そこで2001年頃から，拠点の見直しを進めるため，住民と共に県内外のサロンの視察を行いながら，「みんなの家（仮称）」という土佐町住民が求める居場

所のイメージをつくっていった。2004年8月に民生委員や福祉推進員に呼びかけ，宅老所検討委員会を立ち上げた。一方，介護保険制度の導入により健康づくり・介護予防事業推進が強化され，また精神障害者支援事業が県から市町村に移行されたことなどから，社協はこの地域福祉拠点の見直しにおいても健康福祉課に協力を求めた。高齢化・分散していたボランティアのマンパワーを一拠点に集め，障害者や高齢者が気軽に集える居場所をつくる「とんからりんの家」のイメージは，こうして生まれた。

　土佐町社協は，2001年より5年間「ふれあいの町づくり事業」を受託しており，住民が運営する拠点づくり「とんからりんの家」の具現化はその集大成であった。立ち上げには3年の月日を要したことになるが，ここにも支援員の働きは大きかった。第1に，初期段階から県に土佐町社協の情報が届き，とんからりんの家の立ち上げから運営に至るプロセスが，その後の県の地域福祉モデル（「あったかふれあいセンター」等）に影響を与えたことである。第二に，県内外の先進的な取り組みの情報提供や，ハード面整備のための助成事業の確保などの支援。第三に，NPO・住民・行政・土佐町社協それぞれの立場を理解しつつ俯瞰的に地域を見渡す視点を与えてくれたことである。その一役を担ったのが支援員であり，その後の集落福祉推進体制において，大きな展開の始まりであった。

嶺北4町村協働による拠点づくり——「NPO法人れいほくの里どんぐり」

　高知県の中央部山間地に並ぶ4町村（大豊町・本山町・土佐町・大川村）からなる嶺北地域で，障害者支援事業の主体となっていたのは，高知県（中央東福祉事務所）であり，町村はそれに追随して動く形となり，町村を超えて社会資源開発をすすめることは視野の外にあった。広範囲となる移送，利用者のニーズ，事業所の運営主体，ボランティアの確保等，どの面からみても行政を越えた連携は困難であると思われた。

　しかし家族会の声を拾い上げることから始まり，2001年4月，これまで嶺北地域になかった精神障害の人びとの社会参加の場ができた。現在の精神障害者

B型作業所「NPO法人れいほくの里どんぐり」である。この作業所の立ち上げは官民協働の成果である。官民がそれぞれに役割を担い，それぞれが責任を分け合ったことを，次のように整理できる。

　本山町・大豊町の家族会が，親なきあとの子どもたちの課題を話し合い，保健師につないだ。保健師は，県にニーズをあげ協議した。中央東福祉事務所は，嶺北四町村のニーズを県が進める事業にのせ，四町村の行政と土佐町社協を結び，社会資源開発に向けた話し合いの場をつくった。四町村の社協は，精神障害の人や家族を支えるボランティア育成にむけて住民に呼びかけ，四町村そろってボランティア育成を行った。

　行政・土佐町社協・ボランティアそれぞれが，NPO法人の理事・役員となり，組織が立ち上がったあとも運営面での支援を継続した。県（地域支援企画員）は施設の借り上げや改築等に充当できる事業を検討し，施設づくりや持続可能な運営に向けた支援をした。四町村行政で協力して家賃額の補助を実施し，安定した運営ができるように支援した。

　以上の連携ができたことにより，各自治体に散在する少数のニーズを広域で受け止め，障害者の社会参加の場が生まれた。この作業所は，嶺北の産業である「米」を利用したパン・クッキーの商品開発等，福祉と生産を結ぶ拠点ともなった。まさに集落福祉における社会資源開発である。

小地域（旧小学校区）の拠点づくり

　土佐町社協は，高齢化が進む集落にアウトリーチしながら，集いの場の立ち上げや見守り活動等，集落内における福祉活動を推進してきた。だが人口減少に歯止めがかからぬ10年後の地域の姿を考えるときに，旧小学校区を単位とする拠点づくりが議論にのぼった。そのきっかけとなったのが，2009年に土佐町内に5校あった小学校が統合されたことである。

　これまで小集落が互いに協力し，学校を中心に地域が紡ぎ合ってきた時間は，伝承文化活動や相互扶助活動の基盤となっていた。しかし全校生徒が10人を切る現状もあり，子どもたちが互いに学び合う環境を維持するため，保護者や地

域は統合を決断したのである。当時，地域座談会を終えてから帰り際に聞こえてきたつぶやきは「学校がなくなってさびしくなる」「子どもたちとの関わりがなくなる」「住民が草引き等協力して維持してきた校舎やグランドはこれからどうなるのか」「地域で寄付をして建てた校舎には思い入れがありこのまま使われないのはもったいない」というものが多くあった。また閉校前，ある小学校の校長が「これまで地域の方々が守ってくれた学校がなくなり，統合した学校では旧小学校区の地域の方との交流も難しくなるだろう。これからは地域で子どもの居場所をつくることがこれからの社協の役割ではないだろうか」とつぶやいた。

　行政は，教育の環境や質の観点から保護者と議論を重ねているが，閉校した後の地域福祉の視点からの方針を示す段階にはなかった。かといって，集落内の相互扶助活動にはすでに限界が見えており，土佐町社協としては地域福祉の基盤である地域コミュニティをいかに維持・再生するかの検討を迫られた。

　一つは，これまでの集落単位の地域福祉拠点を見直し，第4次地域福祉活動計画（2010～15年）では「旧小学校区単位の地域づくり」を打ち出したことである。これまでにない地域単位での話し合いの場づくりが始まった。この計画に沿って，たとえ地区長が交代しても地域の話し合いで積み重ねたものが途中で途切れないように，まちづくりメイト（活動計画の推進役）を設置すること，土佐町社協の理事・役員・職員で地域担当をおき，座談会や地域活動における情報収集に努めることなどが実施されてきた。

　しかし第4次計画の大きな反省点として，旧小学校区ごとの計画が住民に浸透しておらず，焦点もぼやけていることが課題となった。そこで2015年からの5年計画を策定するにあたっては，「地域支援金」制度を設け，土佐町社協に寄せられた寄付金の一部を活動計画推進のための事業費として地域に還元するしくみをつくった。これにより旧小学校区単位で，いつどのような活動をするのかを話し合う場が必要となり，旧小学校区の活動の推進体制が進んだ。

第Ⅱ部　集落福祉への挑戦

「あったかふれあいセンター事業」の誕生

　一方で高知県は，高知型福祉の柱としてフレキシブルな多機能型の拠点「あったかふれあいセンター」事業を打ち出した。2009年9月，土佐町社協はこの事業を受託し，旧小学校区のコミュニティ再生に向けて展開することとした。あったかふれあいセンターが設置されたことで，サロンコーディネーターがボランティア不足により展開できていなかった地域を耕すことができ，地域福祉コーディネーターが旧小学校区単位の協議体づくりや活動支援を行った。旧小学校区をコミュニティワークステージとして，「地理的環境」「キーパーソンの存在」「共同・連携した事業」「専門的スキル」「人間関係力」の5つの視点から地域の関係力を見極めながら，地域づくりアプローチをすすめた。

　県下のあったかふれあいセンターの多くは，1町村1拠点であったが土佐町ではサテライト拠点を展開し，町内全域を網羅する地域福祉拠点整備ができた。これにより，行政の各課がすすめる事業と連携しやすくなり，次のような効果がみられる。

　第一に，悪質商法等の防犯防災啓発，保健指導，子育て支援など，行政各課がそれぞれの事業推進にセンターを利用するようになった。さらに，このために利用者送迎の体制が整備され，買い物や預金，行政の手続等のサポートができるようになってきた。第二に，消滅していた運動会や敬老会が復活し，新たな地域の枠組みで活動が展開され始めた。また，「春・夏休みプロジェクト」（写真3－1）において，子どもの居場所を地域につくり，障害がある児童生徒が参加できる場，中・高・大学生がボランティアとして活動できる場，子育てママのサロンなど若い世代の新たな活動も生まれた。

　第三に，認知症の人をあったかふれあいセンターで受け入れてみようという声が住民からあがり，ケアマネと連携して支援する事例ができ始めた。支え合う関係づくりの基盤となったのである。第四に，旧小学校区単位での協議体が組織され，集落活動センターをはじめ，「もの・しくみ・人材」を生み出すことができる場」の初期段階ができた。

　集落維持に必要となる拠点づくりは，地域力が衰退した町においては特に重

第3章　地域をつなげる重層的な拠点の形成

写真3－1　教育委員会と連携し実施した
「春・夏休みプロジェクト」

要であるが，そのためには横断的支援体制が不可欠であることを実証している。

2　福祉実践を媒介とした集落再生の例――南川地区の取り組み

老人クラブによるお茶畑の再生

　高知県土佐町南川地区は，町中心部から車で30分ほど山間部に入ったところにある。40年前までは120世帯・約500名が暮らしていた地区人口も，ダム建設や林業の不振などによる激しい人口流出や過疎化が進行し，現在26世帯42名，高齢化率64.3％（2015年4月現在）という集落となっている。

　土佐町社協は，土佐町老人クラブ連合会（以下，老人クラブ）の事務局を担当していた。老人クラブは当時の会長を中心として，非常に活発に活動を展開し，2007年頃からはさらに活動を広げようと資金作りについて協議し始めていた。

　老人クラブのある役員会の際に，南川地区の役員から「高齢化によって茶畑の管理ができないところがたくさんある。荒地にするのはさびしいが，人を雇うと赤字になってしまう」という発言があり（写真3－2），それに対して女性役員が「南川のお茶畑という地域資源，地域のお宝を守る取り組みをして収益につなげよう」という提案をした。これをきっかけに，老人クラブが耕作放棄地になっていたお茶畑約3畝を借り受け，お茶農家の会員からアドバイスを受けながらお茶の生産に取り組んだ（写真3－3）。

写真3-2 高齢化によって耕作放棄地になっていた茶畑

写真3-3 老人クラブの活動によるお茶の生産

　お茶作りのメイン作業である「茶摘み」は交流イベントとなった。移住に興味のある県内外の方々を招いたり，当時始まった「地域おこし協力隊」など幅広い年齢層に声を掛け，年ごとにお茶摘みへの参加が増えた。遠目で見ていた地元の人びとにも少しずつ浸透し，年を追うごとに「うちのも，かまんき採って。自分ではよう採らんけど，捨てて置くのも惜しいき」との声がかかり始め，次第に茶摘みの範囲は広がっていった。老人クラブのお茶は「早明浦朝霧茶」と名付けられ，町内のお店をはじめ大阪の産直ショップでの販売も行い，好評を得た。役場にもセールスを行い，役所の来客用のお茶として朝霧茶が使用された。活動資金作りは南川地区のお茶畑保全活動につながったのである。

活動の持続的展開を支える新たなつながり

　当初の老人クラブの目的であった事業収益も，製茶事業を始める前は約10万円弱だったのが，2011年度には大幅にアップし，40万円ほどになった。けれども，間もなく南川茶工場が閉鎖されて，製茶をJAを通じて県外の茶工場で行わなくてはならなくなり，コストが高くなった。また，老人クラブはマンパワーが不足しており，地域からの畑管理の要望を受けきれなくなってきた。

　一方，2008年前に田舎にUターンしてカフェを開業した「ぽっちり堂」の川村幸司さん（現：れいほく田舎暮らしネットワーク事務局長）は，移住希望者の窓口的な役割を果たしていた。移住希望者は老人クラブのお茶摘みにも喜んで参

加していたし，中には，このお茶に付加価値をつけたいと紅茶づくりを試みる人もいた。2012年には「NPO法人れいほく田舎暮らしネットワーク」が正式に立ち上がり，移住促進が加速する。川村さんに相談すると，彼も茶畑が移住者の仕事の一つになるのではと考えていたことがわかった。そこで，南川への移住希望者が現れたり，お茶ビジネスを考える人が移住してくるのを期待し，老人クラブが請負いきれなくなった茶畑を田舎暮らしネットワークに維持管理してもらうようになった。

さらに2015年4月には，3年間の「地域おこし協力隊」として前田和貴さんが土佐町に着任した。彼は「地域資源の掘り起こし」を自身の活動テーマとし，南川地区においてもさまざまな取り組みを起こそうとしている。私は川村さんと前田さんとを南川の話でつなぎ，「このお茶づくりをなんとかコミュニティビジネスにつなげられないか」と話をした。前田さんは早速地区に出向き，地域資源の掘り起こしに取り掛かった。そこで「茶通」に出会う。

「茶通」とはお茶を飲む際に出す和菓子のことで，以前は婦人会でも味噌造りの合間などに作っていたということだ。前田さんは地区の婦人たちの協力を得て茶通を復活し，自身のキャリアを活かして外部の人びとに呼びかけ，南川での「野点」を開催した。招待者は風情あるお寺の境内で，南川のお茶や茶通を満喫した。地元の人びとは，久々の茶通作りや野点の開催で多くの人と交流することができ，「またしたいねえ」という声も多く聞こえた。

地域のつながりをつくる支援基盤

土佐町社協では，地域福祉活動計画の推進に力を入れている。南川地域の活動目標は「人が暮らし続けられる南川地域を残していこう」というものだ。これは，活動目標の策定のため懇談会を重ね，地域の人々の意見を結集してきた結果である。毎月1回，集落支援員連絡会を開催し，行政（健康福祉課・産業振興課・地域担当職員），高知県地域支援企画員，地域おこし協力隊，そして社協が一つのテーブルに座り，地域支援について協議の場を設けている。交通の便，子育ての環境，農地や農道等の荒廃，鳥獣害の問題など，農業を保全し，移住

者を呼び込むための課題はたくさんあるが，集落の今後についてきちんと話し合う場や，多様な人の関わりができつつある。

3　集落支援の横断的チーム体制づくり

チームによる支援体制の構築──集落活動センター立ち上げプロセス[(2)]

　近年，国や県では地域復興支援員，集落支援員，地域おこし協力隊，支援員など，地域支援にあたる人材が活躍する事業が数多く導入されている。それぞれが地域に入り活動を始めたため，社協内のコミュニティワーカーとの連携調整が必要となってきた。なぜなら地域住民の視点では，農業施策や防災事業などさまざまな事業が縦割りで降りてきて，公的予算のついた事業を地域で実施することが地域づくりと誤解され，それにあたる支援側の視点やスキルもばらばらであり，地域住民や行政にとって社協の役割がわかりづらいものとなっていたからである。

　そんな折の2012年，土佐町東石原で「集落活動センター」を立ち上げる計画があるという情報を得て，早速土佐町社協から行政に「チームによる支援体制」を提案した。その結果，高知県地域支援企画員，土佐町社協の地域福祉コーディネーター，産業振興課担当職員がチームとなり，座談会のファシリテーターを務めながら，地域の声をまとめ上げていった。

　横断的チームで協議しながら，地域座談会に入り，住民と粘り強く対話したことで，「もの・しくみ・人材」を生み出すことができる場をつくることができた。そのプロセスは，協働の町づくりの基本であり，社会開発のスタートとなるが，何より，この「場の形成」の重要性について土佐町社協，県，町行政職員が共に認識できたことが重要なポイントとなった。

　社協が地域に入る際に必要に応じて行政職員を伴うという体制ができつつあった頃，「集落支援員を置いてほしい」という声が南川・黒丸地区からあがった。この希望が現実となり，集落支援員が配置された。これにより，地域支援のための連絡会（メンバー：集落支援員，産業振興課，健康福祉課，高知県地域支援企画

員，地域おこし協力隊，土佐町社協職員）を毎月実施するようになり，特に限界的な集落の支援にはチームであたり，地域の力を削ぐことのないようにストレングス視点も重視するという協働体制ができた。

行政の地域担当制と土佐町社協とのチームづくり

　2015年6月，土佐町長は「協働の町づくり」を打ち出し，行政職員の地域担当制を開始した。地域担当職員の役割は以下である（土佐町地域担当職員制度実施要項より）。「地域の実情・課題等の把握並びに課題解決の検討及び支援」「行政情報及び地域づくりに関連する情報提供」「地域活動の推進及び地域活性化に向けた支援」「地域情報の汲み上げ及び政策等への反映」「地域の自立に向け，実際に地域に入り，住民目線で考え，住民とともに活動し，それぞれの地域の実情や課題等に応じ活動する」。

　行政職員の町づくりに向けた意識改革も含めてスタートしたわけで，地域担当制の初期ミッションは，まず「地域を知る」ということであった。そこで，土佐町社協が実施してきた座談会に行政職員が同行し，地域の声を拾い上げて町行政施策に反映することとなった。社協がすすめてきた，地域との対話，協議，創出のプロセスは，そのまま担当職員が活用できる利点があったためである。さらに，あったかふれあいセンターで行われる住民活動にも担当職員が参加できるように調整した。

　町の地域担当制度が開始されたが「地域担当制といっても地域にどうはいっていいのかわからない」という行政職員の声があった。横断的なチーム体制に必要なのは「集落における福祉」の視点で地域を見る目をつくることであろう。そこで社協・行政職員合同の研修会を企画し行政に提案した。2016年2月には日本福祉大学の支援を得て，中山間地セミナー「土佐町からの発信・福祉と生産を結び集落のくらしを支える」を開催し，行政・社協とも全職員を対象とした研修を実施した。

　社協の地域福祉コーディネーターは，地域担当制の各チームリーダーとの会議において地域の多様な課題を共有できるようになり，行政は「まち・ひと・

しごと創生総合戦略」との調整や予算化を検討する一方，社協は住民が相互に協力して事業を行えるように場づくりやNPO等関係機関とのつなぎ役を果たす。これまで，産業・福祉・教育等の横軸をつくろうと懸命にアプローチしてきたことが漸く実を結び始めた。さらに，2016年度より行政各課の課長等が第5次地域福祉活動計画（旧小学校区ごとの地域づくり）の評価委員となり，「地域福祉課題に立ち向かう住民の支援をいかにチームで行うか」という横断的な議論が可能となっている。

注
(1) 高知県ホームページによれば「地域支援企画員」の役割は次のように記されている。
「市町村と連携しながら，実際に地域に入って，住民の皆様と同じ目線で考え，住民の皆様とともに活動することを基本に，地域の自立につながるよう，
1　地域の情報を汲み上げ，県の政策等に反映させる。
2　地域における活動の芽を育む。
3　県の政策を地域に伝え，実行・支援する。
4　地域の活性化に向けた支援を行う。
など，それぞれの地域の実情や要望に応じた活動を行っています。」
(2) 詳細は，本書第4章も参照されたい。

引用・参考文献
平野隆之・藤井博志（2013）「集落福祉の政策的推進に向けて――地域福祉による中山間地支援」『地域福祉研究』41，126-132。
山首尚之（2013）「コラム：地域を耕し次世代につなぐ福祉のまちづくり――高知県土佐町の取り組み」穂坂光彦・平野隆之・朴兪美・吉村輝彦編著『福祉社会の開発――場の形成と支援ワーク』ミネルヴァ書房，123-126。

第4章
集落が生き続けるためのしくみづくり
―― 土佐町の生産と福祉を結ぶ集落活動センター

雨森孝悦

　集落活動センターは，高知県の中山間対策の抜本強化を図るために2012年度から開始されたしくみであり，同県の全面的支援のもとに設立が推進されてきた。しかし，10年で130か所をつくるという目標に比し，当初数年の歩みは遅かった。集落の地域力が低下する中で，生産から福祉に至るまで多様な機能を期待される拠点を立ち上げるのは容易ではないからだろう。

　そうした中で，土佐町石原地区では早くから集落活動センターが活動を開始した。どうしてそのようなことが可能になったのだろうか。運営の実態はどうであって，どのような課題が存在するのか。この章ではこうした点について，「集落活動センターいしはらの里」を事例として取り上げて論じたい。

　注目すべき側面は以下の点だと考える。

　①　集落活動センターの推進はどちらかといえば産業振興系列の事業に属しているが，福祉的な機能も期待されている。地域福祉系の「あったかふれあいセンター」事業とは当初から一体的な運用が望まれていたところでもある。集落活動センターは，いうなれば開発福祉を体現しているのである。

　②　設立までの意思決定のプロセスが注目される。石原地区では何度となくワークショップを重ねて合意形成が行われたということであるが，その経過や，創出された中間的社会空間が興味深い。

　この事例を通じて，中山間部など条件不利地において，開発と福祉を融合させつつ集落の存続を図るための中核的拠点として集落活動センターを立ち上げ，機能させるためには何が必要かを示す一助としたい。

第Ⅱ部　集落福祉への挑戦

1　中山間地域対策の要としての集落活動センター

集落活動センターとは何か

　高知県は，県域のおよそ9割が中山間地域で占められ，高齢化と人口減少が⁽¹⁾全国に先駆けて進行している。このため，従来から中山間地域の活性化に向けたさまざまな取り組みが行われてきた。しかし集落の衰退にはなかなか歯止めがかからず，それぞれの集落が単独で集落としての機能を維持することが困難になりつつある。このため，抜本的な対策が必要となった。

　そうした中で，2011年12月に再選された尾﨑正直県知事の第2期における中山間地域対策の中核として，集落活動センターが構想された。集落活動センターは，複数の集落が連携して活動の拠点を設けることにより，集落を維持しようというものであり，2012年に制度化されて以来，県の全面的支援のもとに設立が推進されてきた。

　高知県中山間地域対策課の「集落活動支援ハンドブック　vol.6」には，集落活動センターが次のように規定されている。

　　　地域住民が主体となって，旧小学校や集会所等を拠点に，地域外の人材を活用しながら，近隣の集落との連携を図り，生活，福祉，産業，防災などの活動について，それぞれの地域の課題やニーズに応じて総合的に地域ぐるみで取り組む仕組み。

このことから，集落活動センターは，

① 単独で集落の維持が困難な地域において，近隣の集落との連携により，
② 行政の縦割りの分野を超えた活動を地域ぐるみで行う，
③ その際，地域外の人材を積極的に活用し，
④ 物理的な空間として旧小学校や集会所等を拠点として使用する，

というものだと理解される。単なる活動拠点ではなく，活動そのものや運営組織を含む包括的な概念といえよう。

　具体的な活動としては，（表4-1）のように産業，生活，福祉，医療，防災

第4章　集落が生き続けるためのしくみづくり

表4-1　集落活動センターで想定される活動

	活　動	活動例
1	集落活動サポート	草刈り，農作業等の共同作業，よろずサービス
2	生活支援サービス	食料品，ガソリン等の店舗経営，移動販売，宅配サービス，過疎地有償運送等の移動手段の確保
3	安心・安全サポート	高齢者等の見守り活動，「あったかふれあいセンター」との連携，デイや配食等の福祉サービスとの連携
4	健康づくり活動	健康づくり事業の実施，活動拠点づくり
5	防災活動	防災研修，自主防災活動，拠点づくり，ヘリポート
6	鳥獣害対策	集落ぐるみの防除対策，ジビエ（野生鳥獣の食肉）の取り組み
7	観光交流活動・定住サポート	自然や食等の体験メニューづくり，交流イベント，宿泊施設の運営，移住相談窓口
8	農林水産物の生産・販売	集落営農，耕作放棄地の解消，有望品目づくり，地域特産品の生産拡大・販売強化
9	特産品づくり・販売	地域資源を生かした加工品づくり，直販所
10	エネルギー資源活用	小水力発電，太陽光発電の導入 エネルギーの売電の仕組みづくり
11	その他活動	冠婚葬祭サービス 行政業務等の受託 歴史文化の継承活動

出所：高知県産業振興部中山間地域対策課「集落活動センターの取り組み概要」より作成（http://www.pref.kochi.lg.jp/soshiki/121501/files/2012110700075/shuraku.pdf）（2016.10.12）。

など多岐にわたるものが想定されている。しかし，その全てを行う必要はなく，それぞれの地域の課題やニーズに応じて実施すればよいとされる。いわば「オーダーメード」なのである。

高知県の施策としての位置づけ

　すでに述べたように，集落活動センターは高知県の中山間地域対策の抜本強化に向けた取り組みである。2011年に再選を果たした尾﨑県知事は，2期目の実質初年度である2012年度の予算説明を行う中で，「集落活動を支えていくために必要となる一連の取り組みの中心となる集落活動センターというのを県内各地に作っていきたいと考えています」と述べ，その重要性を強調した。設置数については，2012（平成24）年度にまず県内の8市町村，11か所に開設したいこと，10年間で130か所にしたいという考えを明らかにした。そのために，10年間におよそ1000人を県の内外または県内の集落外から呼び，各集落で活動

してもらう，という構想も付け加えている。このように，知事は数値目標を掲げながら相当数の集落活動センターを設置していく見通しを立てたのである。

集落活動センターの県庁での所轄部署は産業振興部中山間地域対策課である。産業の振興は南海トラフ地震対策，健康長寿県づくり，教育の充実，インフラの充実とともに高知県の「5つの基本政策」のうちの一つであるが，中山間地域への対策は尾﨑県政の第1期からこれらの基本政策に横断的に関わるものだとされてきた。集落活動センターも，特定の分野に限定されない，分野横断的な事業という扱いである。これは中山間地域の実情を考えれば当然だろう。

しかし，ただでさえ集落の力が衰退している村落部で，地域福祉的な活動と農林水産物の生産・販売，集落活動の支援などを複合的に行う組織体を地域住民だけで立ち上げ，運営していくのは至難の業である。このため県は，主体はあくまでも地域住民であるとしつつも，設立や運営において「高知ふるさと応援隊」を活用することを想定している。「高知ふるさと応援隊は，総務省による「地域おこし協力隊」や「集落活動支援員」を含む，高知県独自の人材派遣のしくみである。こうした人材の人件費は公的補助によって賄われるので，地域の負担は少ない。全体的に補助はハード面，ソフト面ともに手厚い。

それでも当初，集落活動センターの設置のペースは遅かった。制度発足から3年ほどたった2015年3月の時点での設置数は17か所という状態であった（表4-2）。10年で130か所という目標に比し，少ないという感じは否めない。もっとも，2016年10月12日現在は30か所あまりに増えている。年度内に38～40か所となる見込みであり，ピッチは上がっている。

2　なぜ石原地区につくられることになったのか

石原地区について

本章で取り上げる集落活動センター「いしはらの里」は，高知県の北部中央，吉野川の源流域に位置する土佐町の石原地区にある。石原地区は東石原，西石原，峯石原，有間の4つの集落からなる。わずかな農業と林業のほかに生業と

第4章　集落が生き続けるためのしくみづくり

表4-2　集落活動センター設立数の推移

年　度	設立数	市町村名，地区名
平成24 (2012)	6	本山町汗見川地区，土佐町石原地区，仁淀川町長者地区，梼原町松原地区，梼原町初瀬地区，黒潮町北郷地区
平成25 (2013)	7	安田町中山地区，江南市西川地区，四万十市大宮地区，佐川町尾川地区，安芸市東川地区，三原村全域，梼原町四万十川地区
平成26 (2014)	4	南国市稲生地区，いの町柳野地区，黒潮町佐賀北部地区，大豊町西峯地区
平成27 (2015)	9	津野町郷地区，四万十町中津川地区，四万十町仁井田地区，いの町越裏門・寺川地区，高知市北七ツ渕地区，大川村全域，梼原町越知面地区，奈半利町全域，芸西村全域
平成28 (2016)	4	宿毛市沖ノ島地区，宿毛市鵜来島地区，大月町姫ノ井地区，黒潮町蜷川地区

出所：高知県産業振興部中山間地域対策課「集落活動センター開所地区の状況（2016年6月1日現在）」より作成（http://www.pref.kochi.lg.jp/soshiki/121501/files/2016031700183/file_2016613113010_1.pdf）（2016.10.24）。

なる産業がほとんどないため人口流出が続き，2016年4月1日現在の人口は179世帯，358人となっている。かつて西石原の中心部には旅館2軒をはじめ，居酒屋，雑貨店，美容院，理髪店，郵便局などがあったというが，今はわずかに面影をとどめるだけである。戦後の最盛期には児童数が200を超えていた石原小学校も2009年3月末に廃校となり，現在は地区に小学校が1つもない。追い打ちをかけたのがJA石原支所の閉鎖と，それに伴うガソリンスタンドや生活店舗の休止の話であった。住民の危機感は強く，これが集落活動センターを立ち上げる原動力ともなった。土佐町産業振興課の職員としてセンターの立ち上げに関わった町田健太氏は，石原地区は農協の撤退が決まっていて困っていたこともあり，石原地区側から手を挙げた，「やらされ感はなかった」はずだと述べている。[3]

2016年10月現在，集落活動センターいしはらの里は土佐町唯一の集落活動センターである。開所は2012年7月1日，第1号となった本山町の汗見川集落活動センターに遅れることわずか2週間であった。このような早い時期にセンターができた理由は，危機感が深かったこと以外にも考えられる。以下でそれを見ていこう。

石原地区での設立に向けた下準備

　高知県は2011年から集落活動センターの設置を県内の各自治体に働きかけ始め，土佐町に対してもモデルとなるようなセンターを１か所つくるよう促した。これに対し，土佐町の反応は「（このしくみは）うちでも使える。どこにしようね」といった感じであったという。同年11月３日，和田守也副町長（現・町長）が石原地区の運動会に列席し，その雰囲気や過去の開催状況などから見てまず石原地区にセンターをつくるべきだと考えるに至った。当時，町の産業振興課長だった澤田智則課長は，「あそこしかない」ということで「一本釣り」した，と振り返る。石原地区の校下会会長だった筒井良一郎氏によると，集落活動センターの説明会（同年11月７日）の少し前に，副町長から内々に設置を打診されたということである。

　校下会というのは，小学校区（校下）でもある石原地区を構成する４つの集落の住民による地縁組織で，1953年に結成され，石原小学校を地域全体で支える役割を果たしてきた。そのために40ヘクタールの学校林（校下林）を所有し，必要に応じて立ち木を売却して収益を図書館の整備，ピアノの購入などに充ててきた。小学校がなくなった現在も存続しており，定例的な行事を開催しているが，集落活動センターの運営主体である，いしはらの里協議会（後述）が設立された後は活動が一体化しつつある。

　石原校区の４集落は，校下会の下で長く運動会，敬老会，納涼祭を共同で実施し，小学校の学校林の維持管理も地区の住民がいっしょに行ってきた。こうしたことから，校下会は集落同士をつなぎ合わせる役割を果たしてきたと言ってよい。前述の土佐町の澤田課長も，石原校下会という母体があり，部落長たちも住民もお互いを知っていて地域でまとまっていたことが，集落活動センターが早く立ち上がったことの理由としてあげている。

3　設立に至る意思決定のプロセス

説明会と「三本の矢」

　2011年11月15日，石原地区で集落活動センターについての説明会が開催されることになった。11月10日付で石原校下会の会長名で出された案内状には「集落活動を支える拠点づくり等の説明会開催について」と書かれている。この見出しはその後，繰り返し行われたワークショップ等でも使われ続けた。

　説明会の当日は，町の産業振興課長が集落活動センター事業についての説明を行った。各部落長をはじめリーダー的な人が参加したが，人数はあまり多くはなく，遅れて来た人を含めても15人ぐらいであったという。しかし，この説明会で石原地区の住民は前向きな反応を示したと，前述の町田氏は述べている。他方，石原地区の住民でもある現在，事務局の山下秀雄氏は，この時はまだ半信半疑であった，と筆者のインタビューで答えている。また，校下会の筒井会長（当時）は「よい雰囲気であった。まとまりがあった」と記憶している。いずれにせよ，参加者が概して設立に前向きだったことから，校下会を開いて集落活動センターをどうするかを協議し，その結果，役員会としては話を進めることで合意した。(7)

　以後の説明会ではワークショップ形式により，センター創設に向けた話し合いが行われた。しかし，この段階ではまだ設立が決定したわけではなかったので，事業実施を前提とした話し合いを行うのではなく，石原地区をどうするのかという観点から話し合いが進められた。もっとも，筒井会長は最初から設立するつもりをしていた，と筆者に述べている。

　2回目の説明会は，「地域の勉強をしてみんか」ということで，地域の課題を出し合うワークショップを行うことにした。この時は，意見や要望はたくさん出された。しかし，課題を出すだけでは何か楽しくないとの声が上がったため，その次のワークショップでは「理想の『石原集落センター』をつくってみよう」というテーマを掲げて議論を行った。その後はワークショップで出され

表4-3 「集落活動を支える拠点づくり等の説明会」の開催状況

	開催年月日	内　容
1	2011年11月15日	集落活動センター事業について町から説明
2	12月19日	第1回ワークショップ「石原の課題を出してみる」
3	2012年1月17日	第2回ワークショップ「理想の『石原集落センター』をつくってみよう」
4	1月26日	第3回ワークショップ「理想を実現するかたちを考えてみよう」
5	2月14日	第4回ワークショップ「それまでの検討内容を4分野に整理・集約」,「『支える』のかたちを5W1Hで検討」
6	2月23日	第5回ワークショップ「『支える』の実現のために必要なもの,実施体制を検討」
7	3月7日	第6回ワークショップ「見つける・実現する」
8	3月12日	第7回ワークショップ「働く・稼ぐ」第1日目
9	3月13日	第8回ワークショップ「働く・稼ぐ」第2日目
10	3月19日	第9回ワークショップ「集い」
11	3月19日	第10回ワークショップ「集い」

出所：いしはらの里協議会事務局の資料より作成。

たアイデアを「支える」,「見つける・実現する」,「働く・稼ぐ」,「集い」の4つに整理・集約したうえで，具体的に何を，誰が，どこで，いつ，なぜ，どうやって，の5W1Hに沿って追求していった（表4-3）。

　上記以外にも地域で役員会等を開いて検討が行われ，合計で30回以上になった，と事務局の山下氏や校下会会長の筒井氏は証言している。おどろくべき話し合いの回数である。「従来とは違うやり方で，徹底的に討論していただいた」，と澤田課長も述べている。たんなる補助金狙いであったり，住民が受け身の姿勢であったりするとセンター設立は失敗する，という気持ちが役場に強かったからだろう。また，ワークショップの手法を多用したこのようなプロセスは，役員以外の住民の理解を進め，石原地区全体で合意形成するためにも必要であった。

　ところで，ワークショップを行う場合はファシリテーターが重要な役割を果たす。土佐町では，どのようにファシリテーターが選定されたのだろうか。

　まず，土佐町の産業振興課から，課員の町田氏が課長から設立を担当するよう指示された。町田氏は，自分でも積極的にやりたいと思ったのではないかと振り返る。次いで澤田課長は同じ部屋にいた地域支援企画員の尾﨑康隆氏に声をかけた。尾﨑氏は当時，高知県から土佐町に派遣されていた職員であった。

県職員は土佐町にはない情報を持っていること，話し合いのプロセスをコントロールする役割を期待したこと，が起用の理由であった。

ファシリテーターにはもう一人，土佐町社会福祉協議会（以下，土佐町社協）の職員で地域福祉コーディネーターの上田大氏が起用された。上田氏は以前から地域に入っていて実情に詳しかったこと，ワークショップの開き方を知っていることが評価されたのである。社協の職員が関わることに対しては疑問の声がないわけではなかったが，土佐町社協は1995年から地域福祉活動計画を住民とともに作ってきたという実績があり，社協として集落活動センターに積極的に関わりたいという思いもあった。

3人のファシリテーターによるワークショップの運営は大変ていねいであった。各回の記録は「一つの言葉も落とさない」という方針のもとで取られ，ビジュアルにまとめて関係者に返された。そのために夜遅くまで残業し，次のワークショップの前には，時に本番よりも長い打ち合わせを3人で行った。こうした工夫や熱意により，参加者は回を追うごとに増えていった。最後は文化会館を使い，40人規模で行ってセンターの方向性を明確にした。

他方で，「あれもやりたい，これもやりたい」となって焦点を絞るのに骨が折れたり，「何でも反対」という態度に出る参加者がいたりしたため，進行には苦労もつきまとった。その時，3人は「3本の矢」のたとえのように，お互いに支え合って難局をしのいだ。比較的若い住民にも助けられたという。集落活動センターの活動拠点である旧小学校の建物，石原コミュニティセンターの2階には，今もワークショップで使われた模造紙が保存・掲示されている。

運営主体としての協議会の設立

話し合いはその後も切れ目なく続いた。年度が変わった直後の2012年4月2日，集落活動センターについての検討会が始まった。続く4月13日，石原地区の校下会会長の呼びかけで「第1回石原活性化推進協議会（仮称）」が開催され，集落活動センターの組織化に向けた話し合いが行われた。大事な会議だったので，各部落長，部落長経験者，土佐町議会議員，その他石原地区（校下）の消

防分団,婦人会,石原生活改善グループ,老人会,子ども会,クラブ高嶺等の団体に声がかかった。この時,議題にのぼったのは協議会の規約等である。4月17日,再度規約についての話し合いが行われた後,4月20日に東石原と峯石原でセンターに関する説明が部落の定例会に合わせて行われた。5月1日と5月9日には西石原と有間の各集落でも説明がなされた。5月16日,協議会の名称を「いしはらの里協議会」(以下,協議会)とした規約が確認され,センターの運営を担う組織としての協議会が正式に発足した。

 このように,協議会の設立もまた,大変ていねいなプロセスを経て行われた。規約の整備は,協議会が県や町による補助金の受け皿となるために必要であった。また,できるだけ多くの住民が協議会,ひいては集落活動センターに関わるためにも求められた。事実,各集落での説明後は新たに活動に参加する住民がたくさん出てきた。しかし,校下会の会長をはじめとする役員,関係者には大きな負荷がかかることにもなった。

 協議会の目的は,「旧石原小学校区4部落の地域振興及び活性化を通じて,各集落の住民が幸福な人生を全うできる地域にするとともに,各集落がこれからも存続していくための仕組をつくること」であると,規約に記されている(協議会規約第3条)。集落活動センターの開設後はその運営が協議会の主な事業であり,事務局および4つの部会(後述)とそれらをつなぐ連絡会が実務を担った。協議会のメンバーは部落3役(部落長,副部落長,会計),部会3役,町議会議員,消防分団など地域の諸団体の代表者,その他目的に賛同する者とされている。役員として会長,副会長,会計および監事が置かれ,校下会の当時の会長が協議会の初代会長に就任した。ここからわかるように,協議会は校下会と重なり,それを引き継ぐ組織である。

集落活動センターの立ち上げ

 2014年3月までの10回のワークショップで,「集い」,「働く・稼ぐ」,「支える」,「実現する」という4つの方向性が打ち出され,内容が検討された。これを受けて,集落活動センターでは協議会の下に4つの部会を置くことになった。

「集い部」、「直販部」、「共同作業支援部」、「新エネルギー部」の各部会である。

　直販の部会は協議会が設立される前の4月の段階から動き出し、直販市の準備を進めた。市そのものは「まるごと石原よさく市」として5月3日に試行的に開催された。イベントとしては好評で来場者数も多く、関係者の自信につながった。その後、「よさく市」は毎年春と秋に開催されるようになり、その後、国道439号線（ここから「よさく」の名がつけられた）沿いに直販所「やまさと市」も設けられた。

　2014年6月13日、協議会の役員会は各部会の立ち上げを確認した。部会間の調整と提言を行う連絡会も設けられた。連絡会は協議会の実働部隊として、月1回程度の開催を行うこととされた。構成メンバーは事務局、各部会長と部会副会長などである。

　2014年7月1日、県知事を迎えて集落活動センターいしはらの里の開所式が行われた。旧石原小学校の校舎（その後、町立石原コミュニティセンターとなった）を拠点とする集落活動センターが正式に発足したのである。ただし、トイレ改修、浴室、シャワー室の設置をはじめとする施設の大改装は付近の国道のトンネル工事が終わるのを待たねばならなかった。工事は2015年3月に完工し、協議会は施設の指定管理者となった。施設は宿泊設備と調理室をもち、簡易宿泊所として研修や視察に利用されている。

集落活動センターにおける活動

　各部会は単独であるいは連携しながら活動を行っている。直販部会は春秋の「よさく市」や南天、ヒイラギの出荷に携わっている。とくに南天の実は売れ行きがよく、大阪の鶴見花き市場からの引き合いがある。共同作業支援部会は育苗、耕運、田植え、草刈りなどの支援を行っている。新エネルギー部会は施設屋上の太陽光パネル設置に貢献した。78枚のパネルからは、年間60万円ほどの売電収入が得られる。集い部会は花見、七夕など季節ごとの行事の他、あったかふれあいセンターで集いを行っている。あったかふれあいセンター事業そのものは土佐町社協の受託事業であるが、協議会が管理を行っている石原コ

ミュニティセンターの別館（旧石原保育園）で実施されており，そこで集い部会の集いが開かれているのである。

① 合同会社いしはらの里

JA土佐れいほくの合理化により，2012年4月にガソリンスタンドが営業を休止し，生活店舗も縮小された。住民の生活に支障をきたしたが，地域支援企画員の助けで経済産業省の補助を得ることができ，給油所を再開することになった。8月に協議会内にSS運営委員会が設けられ，準備を開始した。翌年2月，ガソリンスタンドと生活店舗「さとの店」が新装オープンした。その経営主体として新たに合同会社を立ち上げることになり，協議会の各部会から代表者を選出して合同会社設立委員会を発足させた。地域の会社とするために，委員らが全戸を回って1口千円の出資金を依頼した結果，11月に出資者211名をもって「合同会社いしはらの里」（以下，合同会社）の設立・登記にこぎつけた。住民の過半数が出資した計算になる。当初の出資金は約214万円であったが，その後，出資者も出資金も若干増えている。合同会社は協議会の関連組織として一体的に運営されている。

② 事務局

協議会すなわち集落活動センターの活動を支えるために，事務局が置かれている。事務局員として，当初は地域おこし協力隊員が配置されたが，現在は石原に在住する集落活動支援員でもある土佐町社協会長の山下氏が事務局を取り仕切っている。集落活動センターにおいては事務局機能がきわめて重要である。

4 成果，課題および展望

成果

集落活動センターいしはらの里は，さまざまな課題を抱えつつも，他に先駆けて立ち上がり，順調に稼働している。それは，すでに述べたように，住民の危機感が強かったためでもあるが，校下会という母体となる組織が存在したことも大きい。また，先に述べた校下会の学校林は，石原小学校の初代校長が自

らの給与の一部を割いて買い集めた山林と，それに続く地域住民の寄付によってできた地区の共有財産である。すでに児童数が27人に減っていた1991年，校下会は財力に加えてなお700万円の寄付を集めるほどの動員力を持ち，新校舎と体育館の落成式の開催，記念碑の設立，記念誌の発行等を行っている。衰えたとはいえ，その力は協議会に引き継がれ，集落活動センターの設立と運営に寄与した。

もともとの地域力が集落活動センターを設置する力と関係あることは，他地域でも示されている。「先発組のうち10か所ぐらいは住民活動の素地のあった地域だ」と知事も述べている。[8]

石原の場合は，「リーダーの存在も大きかった」（澤田課長による）。各地の集落活動センターがつくる連絡会の会長でもある筒井氏は，「地域に指導者がいなくなっている。集落活動センターの開設が遅れるほど，地域に指導者となる人がいなくなる」と心配する。

今回，協議会の執行部に，集落活動センターができて良かったことをたずねた。答はすぐに返らなかった。その数秒間が，苦労の大きさをしのばせる。それでも，筒井会長は「なかったらたいへんなことになっていた。苦労はあったが，よそから人が来てくれており，地域の人も喜んでいる」という思いをもつ。週に1回，生活改善グループ等の出品によって日曜日に開かれる直販所「やまさと市」には，地区外からさまざまな来訪者が立ち寄る。そこで交わされる会話と笑顔が，地域の人たちの生きがいになっている。改修されてきれいになった施設も交流の場として定着し，活性化に寄与している。集落活動センターは，単独の集落では生み出しえなかった新たな中間的社会空間を創出した，といえるのではないだろうか。

課題と展望

集落活動センターは，協議会と合同会社が一体となって運営されていることで成り立っている。しかし，経営は楽ではない。ガソリンスタンドは赤字であり，生活店舗の収益力も十分とはいえない。コミュニティセンターの指定管理

料や太陽光パネルによる売電収入などを合わせても，独自に人をフルタイムで雇うだけの収入が確保できていない。将来に向けた課題である。

　一方，明るい材料もある。石原に入ってきている地域おこし協力隊の力がすごいという。海外にいた人も含め，多様な専門性をもつ外からの応援者が増えている。また，土佐町の制度である地域担当制により，町役場の職員が自分の住む地域を担当するようになったが，そうした人には退職後，地域の活動を手伝ってもらうことが期待できる。集落活動センターは，人の力を寄せ集める新たな拠点となりつつあるのかもしれない。

* 本章のための資料は2016年9月30日～10月2日に現地で行った聞き取り調査，ワークショップ等の資料の確認，および文献分析によって収集した。
  聞き取り調査に快く協力していただいた土佐町社会福祉協議会の山首尚子事務局長と上田大氏，土佐町企画総務課の澤田智則課長と町田健太氏，いしはらの里協議会の筒井良一郎会長，事務局の山下秀雄氏，集い部会の伊藤楯男部会長，ほかの皆様に感謝の意を表したい。

注

(1) 高知県では，山間地とその周辺の地域等，地理的および経済的に不利な地域として地域振興に関する5つの法律に規定されている範囲を中山間地域としている。過疎地域を含むが，それよりやや広くとらえている。
(2) 2012年2月15日の知事の記者発表の記録による（http://www.pref.kochi.lg.jp/chiji/docs/2012022000010/#6）（2016.10.21）。
(3) 筆者の聞き取りによる。
(4) 町田氏への筆者の聞き取りによる。
(5) 石原地区には，それまで運動会が50回継続的に開催されてきた実績があった。
(6) 校下会とは別に，PTAも存在していた。
(7) 4つの集落の3役，その他地区の重要な人たちで構成。
(8) 2015年10月2日付高知新聞の尾﨑知事インタビュー記事。

引用・参考文献

石原小学校建築委員会記念誌部会編（1991）『わが石原小学校　創立百十五周年　校舎・屋内運動場新築落成記念誌』石原小学校建築委員会・石原校下会。

高知県中山間地域対策課（2016）「集落活動支援ハンドブック」Vol. 6。
田中きよむ・水谷利亮・玉里恵美子・霜田博史（2014）「集落活動センターを拠点とする高知型地域づくり」『高知論叢（社会科学）』109。

第5章
社会参加をすすめ地域課題を解決する「しごとづくり」
――中土佐町の包括的な取り組み

小木曽早苗

　高知県は，①地域福祉計画の策定⇒②地域福祉の拠点整備⇒③地域福祉の人材確保という「地域福祉の循環的推進モデル」を掲げている。さらに中土佐町では，これに「進行管理」を介在させて独自モデルとして磨きをかけ，「地域」をコーディネートする福祉人材の育成が政策的に行われてきた。中土佐町の「あったかふれあいセンター」コーディネーターは，サテライト運営や訪問を通じて地域に出ていき，あったか事業そのものの実施にとどまらず，地域福祉・地域振興のための地域のコーディネーターとなっている。

　中土佐町は，これまでに制度の狭間，制度外の課題に行政の側から積極的な関与を示してきた。少子高齢化の進む小規模自治体である町で，地域支え合い活動を通じた「しごとづくり」や，生きづらさを抱えた人たちの「しごとづくり」に向けたチャレンジを展開している。「しごとづくり」をツールとして，社会参加の場づくりと地域課題解決のための互助基盤の形成が進行している。これは「開発福祉」への歩みであろう。

　人材の不足する中山間地域において，一人ひとりが主体的に地域の課題に向き合い，役割を担っていく上で，地域振興が地域の支え合いへとつながっていく場合も多い。集落で暮らし続けるためにも，福祉と産業を分けずに，生活圏域でクロスさせながら，地域共生を含めて考えていくことがカギとなる。

図 5 - 1　高知県における地域福祉推進の循環モデル

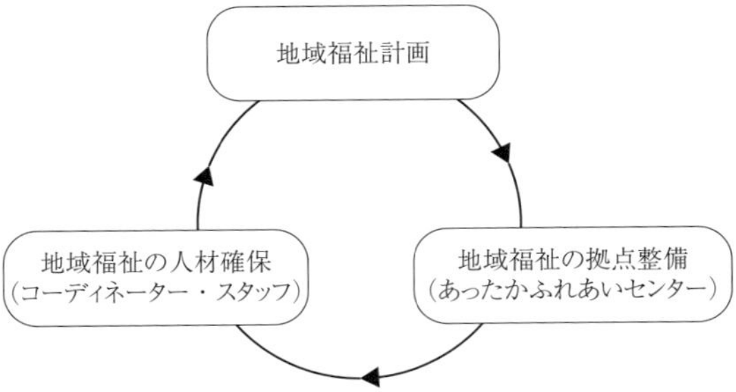

```
          地域福祉計画
         ↙         ↘
地域福祉の人材確保    地域福祉の拠点整備
(コーディネーター・スタッフ)  (あったかふれあいセンター)
         ↖         ↙
```

出所：筆者作成。

1　高知県における地域福祉推進モデルと中土佐町の独自モデル

高知県の地域福祉推進モデル

　高知県では2010年当時，県下34市町村で地域福祉計画策定はわずか6市町村，社会福祉協議会（以下，社協）の地域福祉活動計画策定は7市町村社協と，全国的に見ても策定率が非常に低かった。そこで県は，2011年3月「第1期地域福祉支援計画」を策定し，市町村計画の策定率向上を目指した。それとセットで「あったかふれあいセンター」の整備とその実動のための地域福祉コーディネーター等の配備を行い，市町村の地域福祉計画と市町村社協の地域福祉活動計画とを一体化した「地域福祉アクションプラン」の策定や実践活動を支援するための方策を整えた。地域福祉の推進モデルとして図5 - 1のような循環がイメージされた。地域福祉の拠点として「あったかふれあいセンター」を地域福祉計画に位置づけ，人材の不足する中山間地域において地域福祉コーディネーター等の人材を確保し育成するという方策の有効性が試されることになった。

　つまり「普及モデル」として，地域福祉計画が実践プログラムを導き，それを実体化するために「あったかふれあいセンター」を配置し，さらに地域福祉を支える担い手の育成も含めて，一体的に地域福祉が展開する好循環を想定し

第5章　社会参加をすすめ地域課題を解決する「しごとづくり」

資料5－1　高知県の「あったかふれあいセンター」とサテライトのイメージ

出所：高知県。

たのである。その結果，市町村の計画策定も一気に進み，2012年度末には約7割が，2013年度末には県下全ての市町村が地域福祉計画を策定した。

　中山間地域では「多種多様かつ小ロットの福祉ニーズ」がありながら，採算の問題などにより民間参入が進まない。そこで「複数の福祉サービスを一度に提供することで利用者を確保することが有効な手段」との判断から「あったかふれあいセンター」事業が導入された。つまり「集落あっての個別支援」という中山間地域の状況から，「個を支えるために面を支える」という発想に基づくしくみである。利用対象を限定せず，①集い機能（預かる，働く，送る，交わる，学ぶ等の機能付加が可能），②訪問・相談・つなぎ機能，③生活支援，を基本機能とし，移動手段の確保や配食などの機能拡充も可能となる（資料5－1）。誰もが利用できるサービス拠点というだけではなく，地域の福祉拠点として役割が多彩にもたらされるため，利用者各自の特性に応じた主体性を引き出すことにもつながる。また訪問機能や集いの場での自然な情報収集を通じてアウトリーチが可能となり，個人の生活課題や背景が見えることもあって，個別支援と地

域支援を連動させながらの支援へとつなげることができる。

　この事業は，国の「ふるさと雇用再生特別交付金」を活用した「フレキシブル支援センター」としての位置づけで，2009年にスタートし（2009年度22市町村28か所），人件費等運営費は3年間の限定ながらその全てを確保されていた。2012年からは高知県の単独補助事業及び過疎債を活用して継続されるにあたり，県2分の1，市町村2分の1の負担となったが，事業の重要性や人材育成の意義を市町村も感じてほとんどが継続され，その後新たなセンターも立ち上がっている（2015年度29市町村42か所）。またこれを機会として，「集い」のみが必須機能とされていたものを機能強化し，現在の形となった。

　国は，「まち・ひと・しごと創生総合戦略」のなかで，「小さな拠点（多世代交流・多機能型）」の中山間地域等モデルとして「あったかふれあいセンター」を取り上げ，2015（平成27）年度の『厚生労働白書』(1)でも「対象者別に提供されてきたサービスをより効果的・効率的に提供する体制を構築し」「地域交流・地域支え合いの拠点としての機能強化する」ことに言及している。

中土佐町の地域福祉推進の独自モデル

　中土佐町は，山間部と漁村部を主とする小規模な自治体であり（2016年9月末現在3610世帯　人口7249人），高齢化率43.2％，高齢者世帯及び高齢者独居世帯数は1650世帯となっている。「あったかふれあいセンター」事業実施市町村の対人口比で拠点を調べると，県内で最も多く設置（2009年より導入し現在3か所）している。センター常駐のコーディネーターとスタッフに加え，町独自に統括コーディネーターを社協内部に配置しているのが大きな特徴となっている。現在，社協が3か所全てのセンター事業を受託している。

　また2012年3月に「第1期地域福祉計画・地域福祉活動計画」を策定したが，①日本福祉大学の研究チームが策定から関与しており，その助言を活かすていねいな進行管理を行ったこと，②「あったかふれあいセンター」事業計画づくりに着手したこと，③進行管理の場（進行管理事務局会）が中土佐町の目指す地域福祉の姿を受託者と逐次確認し合う機会となり，ゴール設定の明確化とプロ

第5章　社会参加をすすめ地域課題を解決する「しごとづくり」

資料5－2　中土佐町における地域福祉コーディネーターの役割および活動内容等

(1) 統括コーディネーター
　　ア　全あったかふれあいセンターのコーディネーターへの支援
　　イ　地域福祉計画・地域福祉活動計画の推進及び進捗管理
　　ウ　中土佐型地域包括支援ネットワークシステムの推進
(2) コーディネーター
　　ア　あったかふれあいセンターの運営，事業の実施方法のコーディネート
　　イ　関係機関とのネットワークの構築，地域での支え合いの仕組みづくりの推進
　　ウ　他のあったかふれあいセンターコーディネーターや関係機関との連携・協力
　　エ　集いの場のコーディネート，訪問・相談の支援，地域住民や利用者の課題やニーズの把握を行い，要援護者等については適切に関係機関につなげる
　　オ　地域アクションプランの推進及び進捗管理
　　カ　地域福祉計画・地域福祉活動計画策定に向けた関係会議への参加
　　キ　スタッフの育成
　　ク　地域福祉の拠点として，中土佐型地域包括支援ネットワークシステムの推進を図る
　　ケ　町の生活支援コーディネーター・協議体との連携を図る

出所：2016年度中土佐町「あったかふれあいセンター事業業務仕様書」より抜粋。

セスにおける共通認識が進んだこと，④進行管理の場が研修的な要素を持ち，関係する健康福祉課や社協，地域包括支援センターの職員の人材育成の場として機能していったこと，が特筆される（小木曽 2015b）。

なお，高知県は中土佐町を先駆例と捉え，それを受けて2014年度より各市町村に対して「あったかふれあいセンター事業進行管理会議（仮称）」などの話し合いの場づくりを求め，2015年度より事業計画作成を必須化している。

中土佐町では，地域福祉計画等における地域アクションプランと「あったかふれあいセンター」事業計画を関連づけながら進行管理していくことで，統括コーディネーターやコーディネーターの人材育成を意図的に進めた。このことは，地域性に応じたセンター運用方法を詳細に検討することにもつながった。統括コーディネーターとコーディネーターの役割および活動内容は，「あったかふれあいセンター事業業務仕様書」で資料5－2のように定められている。コーディネーターは，たんなる事業実施を越えて，地域福祉・地域振興といった「地域」をコーディネートすることになる。また統括コーディネーターは全町的な推進を俯瞰する役割を担う。

サテライトの設置にあたっても，既存のサロン活動を一新するのではなく，

それらの停滞が著しい地域でこそあえて行う選択をした。住民の厚い信頼を得てきたのは，地道な活動とともに拠点常駐型の支援が拠点活動だけにとどまらず，地域行事への積極的な関わりや地域の活動団体同士のネットワークづくり，訪問・サテライト運営，小地域ケア会議の実施などでさらに小地域に出ていったところにあった。これにより，地域にまつわる詳細な情報を獲得できており，人や資源の把握は確かで，後述するように福祉にとどまらない課題への対応が可能となっている。

2　地域アクションプランと地域支え合い活動への発展

上ノ加江の地域アクションプランとその実施

　町内4地域で地域アクションプランを立て実行しているが，ここでは上ノ加江を例としてあげる。上ノ加江の地域アクションプランでは，めざす姿を「支えあい・助けあい・語り合いのあるまち」とし，重点取り組みを，①あったかふれあいセンターの有効活用，②空き家・見守りマップをつくる，③生活支援のための見守りネットワークづくり，の3点としてきた。これらの活動の単位は，住民の感覚に沿って地域を3地区に分け，「町浜」「山内・大川内」「押岡・笹場・小草」とした。各地区の作業部会には住民が参加しているので，作業部会は地区単位でアクションプランを実施していくための話し合いの場ともなった。

　当初，「まず空き家マップの作成から」という声掛けに応じて参加した住民たちは，空き家のチェック作業を続けるうちに，互いの情報を持ち寄って見えてきた「気になる人」の存在へと関心が高まっていった。「空き家がどんどん増えちゅうねぇ」「空き家のチェックだけでいいやろうか」「ここ空き家かと思うちょったら，人が住んでいたんやね」「地域には気になる人が結構いるねぇ」「息子さんが帰ってきたらしいがよ」「この頃○○さん，姿をあまり見んようになった」……。

　空き家だけでなく気になる人の見守りマップづくりと更新作業に発展してか

第5章　社会参加をすすめ地域課題を解決する「しごとづくり」

写真5－1　見守りマップの更新作業

出所：あったかふれあいセンター「寄り家」撮影。

らは，高齢化が進むにつれ徐々に個別支援のニーズが増えている地区の現状や，担い手の不足，一部の人への負担感，福祉に対する次世代の関心の低さなどが話題に上がるようになった。作業部会メンバーは，住民，あったか職員，行政担当職員，地域包括支援センター職員，社協の地域福祉に関わる職員等で構成される。3地区それぞれ4か月に1回定期的に行うマップ更新の作業時に，気になる世帯や人についての確認と小地域ケア会議を行っている（写真5－1）。

　これらの作業は時に2時間以上に及ぶ。作業に立ち会い，関わる住民に，この場の意味をどう感じているか筆者がたずねたところ「近所に住む者として，少しの変化だから相談するまでもないだろうかと思いながらずっと気にかけてきた人もある。聞いてもらえる場，持ち込む場ができて安心できる」「突発的なことが起こっても，経緯がわかるので対応しやすい」「日頃からいっそう地域の変化に関心を持つようになった」「頼れる先が見え，地域での暮らしの安心感が増した」「ウォーキングの時に，気になる人の家を確認できるルートを考えながら歩いている」などが聞かれた。個々人への関心だけではなく，集える場所が減少していること，たまり場ができにくいこと，隣人が遠い，という中山間地域ならではの課題も見いだされる。民生委員や地区長などではない住民も，日常的な役割を自覚し，「何とかしたい」という意識変化が起きてきたことがわかる。現在，矢井賀地域も含めて「気になる人」として158名が特定

されている。

地域アクションプランの発展例

　空き家・見守りマップや見守りネットワークづくりの成果として、町浜地区での住民発案による見守り組織「おとなりふれあい会」の発足がある。気になる人への遠巻きの見守りから一歩進んだ見守りの必要性へと認識が高まったことを受け、マップ作業に関わる複数の住民によって結成されたものである。これにより、一緒にふれあい訪問を行う民生委員からも「一人での活動は限界があるが、情報がもたらされる場面が増え、地域の見守り力に気づいた」、「複数人での訪問活動が可能となり、違う視点で本人と話ができる」といった報告がなされている。「困り事お助けカード」（緊急時の連絡先や自身の覚えも追記できるカード）を配り、ふれあい訪問などで配布に努めている。

　社会との接点が失われがちな住民の課題解決に向け、どのようなことができるかもマップ更新作業のなかで話し合われる。これは「あったかふれあいセンター」の集いの場や地域行事への誘い出し、サテライトでの活動提案へとつながり、地域行事やサテライトへの新規参加に成果が出てきている。上ノ加江地域では3地区合同作業部会も行われ、各地区での課題を持ち上げ、対応を検討する方向にも進んできた。矢井賀地域小矢井賀地区では、56名の住民のほとんどが、既往歴や服薬なども記入できる「つながる安心カード」の作成に至り、必要な場合には見守り活動に活用されている。

　次世代の関心を高めるという点では、子を持つ親世代（20〜50代）へのアプローチも欠かせない。地域での暮らしを支えていくためにも、地域への思いの継承を強く望む住民たちは、地域福祉バザーの開催をもその機会ととらえた。その結果、楽しみごとを通じてボランティア活動する機会や、地域団体への関心の高まりがアンケートからもうかがわれ、一つのきっかけになった。権利擁護研修会では住民劇の実施が継続しているが、この世代の参加率が向上している。「おとなりふれあい会ジュニア」として上ノ加江小学校5年生が「おとなりふれあい会」メンバーとともに行ったふれあい訪問、親子のものづくりや、

流しそうめんなどの実施でも，異世代交流と継承が意識されている。

山内・大川内地区での地域支え合い活動

　山内・大川内地区の作業部会で見守りマップを使って抽出された「気になる人」のなかには，介護予防が必要な人や，独居・日中独居で心配な人，現役を退いてから友だちが少ないように見える人，他の人との接点が少ない人，外出に躊躇する人などがおり，「集いの場」が身近に必要なのではないかと考えられた。そこで2014年度，対象者21名にアンケート調査を行い，自分自身では動きづらく，何かをするイメージがつけにくい人の存在が浮き彫りとなった。「外へ行きたくない」と答えた人の選んだその理由としては「知らない人が多い」「身体的不安」などがあり，「誘ってくれる人がいたり，集いの場に自分の役割や具体的な魅力などがあったりすれば，行きたい」あるいは「行ってみたい」「行ってもいい」と考える人が半数いることがわかった。

　2015年度はこの結果を基に，働きかけや誘い出しを継続し，2016年度には，地区で集いの場を作ろうという動きに発展した。開催場所への地理的心理的な距離を縮めることが重要とされたからである。あったかふれあいセンター「寄り家」のコーディネーター，地域包括支援センター介護予防担当や，生活支援コーディネーターの後押しもあって，いきいき百歳体操などを行う「山内貯筋クラブ」が2016年夏に自主的に立ち上がり，週一度，山内集会所での活動を行っている。

　山内・大川内作業部会の雑談で「昔，地域で作っていた餅がある」というつぶやきがあった。そこから「高齢の人は作りよったと思う」「今の子ども達は知らんし食べたことないろう」「家からなかなか出てこん人を誘い出すのにいいがやないろうか」などと会話が盛り上がり，「鶴亀餅づくり」を開催することになった。「自宅に型を持っていないか尋ねることも，出てこない人を誘うきっかけにできる」「昔なじみの餅づくりには関心もあるだろうし，親子にもいい機会になるのではないか」などの意見も出て，見守りマップの対象者に限定せず開催を広報した。するとマップ対象者からも「餅づくりは昔得意だった」

第Ⅱ部　集落福祉への挑戦

写真5-2　鶴亀餅づくり

出所：あったかふれあいセンター「寄り家」撮影。

「これなら行きたい」という声が聞かれ，子どもの食育と食文化の継承，出会いの場と関係の構築につながった（写真5-2）。

　見守り対象の「気になる人」が昔取った杵づかで，手順やコツを教える側に回ることができ，その手際のよさが喝采を浴びた。皆で楽しく作業して食べるこの機会を作り出せたことは，作業部会の住民にとっても大きな自信となった。これもまた，支援される側と支援する側という二分化ではなく，「しごとづくり」と役割づけによって，互いの力を発揮し合える場づくりとなった例である。

3　社会参加をすすめ地域課題を解決するしごとづくりへの模索

未就労調査からしごとづくりへ

　中土佐町は，「地域における生活困窮者支援等のための共助の基盤づくり事業」を，安心生活創造推進事業に引き続き，2015年度から社協に委託している。これは，年齢や性別，置かれている生活環境などにかかわらず，身近な地域において誰もが安心して生活を維持できるよう，地域住民相互の支え合いによる共助の取り組みの活性化を図るものだ。生活困窮者をはじめ支援が必要な人と地域とのつながりを適切に確保し，地域全体で支える基盤を構築することを通

じて，地域福祉の推進を図ることを目的とする。つまり同年度施行の「生活困窮者自立支援法」と密接な関係を持つ。

それまでも町は，稼働世代の60歳未満の未就労者が一定数存在すると感知していたものの，正確な現状把握ができていなかった。この反省をもとに，共助の基盤づくり事業の下で2015年5月～2016年2月にかけ，ヒアリング調査を行った。半年以上定職についていないと思われる住民を対象として（生活保護受給者や生活困窮に陥る可能性の低い専業主婦は対象外）戸別訪問し，過去の就労歴や現在の就労に対する意向，年齢や現在の生活状況（健康状態，日々の過ごし方，世帯構成，経済状況等）等を調べた。民生委員や地域アクションプランの見守りマップ作業参加者，「あったかふれあいセンター」を含む社協全事業所，行政から情報を得て，調査対象となると思われる55名がリストアップされた。これまでの地域のネットワーク化が功を奏したことになる。

未就労者に焦点化した理由は，将来的に生活困窮に陥る可能性ばかりではなく，就労を通じた社会との接点がないために「相談につながりにくい層」と重なるのではないか，との仮説による。対象者像は一概にはパターンを示しにくいが，男性が多く，就労経験を有していても離職してから長期間経過していたり，障害や疾病を抱えていたり，人間関係を築くことに不安を抱えているなど，社会的孤立の状態にある人が多く含まれることがわかってきている。また調査結果から，実態に応じた解決策のためには自立に向けたステップの必要性が認識されたため，中間的就労を支える「中土佐町はたらくチャレンジプロジェクト」を2016年より開始している。

「中土佐町はたらくチャレンジプロジェクト」の取り組み

もう1つの課題は，障害者の豊かなチャレンジの場の必要性であった。町内に就労継続支援B型事業所が1か所あるものの充分ではなく，障害特性や本人の適性に応じて力を発揮できる場や，持てる潜在的な力をより引き出すことのできるような場，細かなステップに対応できる場，就労の観点だけではない社会経験を積む機会や社会との豊かな接点が求められていた。

加えて、町内の少子高齢化は進み、産業の後継者不足や、地域の担い手不足は深刻な状況である。こうした多様で複合的な課題を、福祉分野だけでなく地域で包括的に解決・支援していく必要性があるという気づきから、孤立しがちな生活困窮者や障害者が社会や地域活動に参加していくため、「中土佐はたらくチャレンジプロジェクト」が創出されたわけである。ねらいとしては、①本人の日常生活の自立（生活困窮者を作らない地域づくり）と、②高齢化が進む町で地域の担い手が増えること（地域の活性化）である。このプロジェクトでは「はたらく」を冠してはいるが、就労をゴールと見ているのではなく、社会参加の場や地域活動に参加する機会づくりも「はたらく」の表現に込められている。つまり「はたらく」をツールにした支援の視点と、地域共生を意識した地域づくりへの広がりが当初から意識されている。

このことを端的に示しているのが、「チャレンジ」を誰のチャレンジとして見るかという点である。当初は「未就労者・障害者の就労の場に関する検討会」との名称であったが、「若者障がい者はたらくチャレンジプロジェクト」と変更され、最終的に「中土佐町はたらくチャレンジプロジェクト」に決定した。その経緯をみると、全国の様々な先駆的な事例に触れるなかで、これは関わる側の「発掘力」を育成・強化するチャレンジプロジェクトであり、排除しない地域づくりと、働き手によってまちを活性化することにチャレンジするものではないかという理解が共有化されたのである。現在このプロジェクトでの「チャレンジ」は以下の3つとして認識されている。

①　はたらきたいと思う人たちのはたらく"チャレンジ"
②　担い手不足によって起こっている地域の課題を解決する"チャレンジ"
③　住民・行政・社協による地域づくりへの"チャレンジ"

このプロジェクトの目的は、地域の誰もが「仕事の体験」や「地域活動への参加」ができることにある。就労や社会参加への道筋においては、個人の置かれている状況や特性・適性に応じた対応が可能となるような、多様で多彩な選択の場所が増えることが望ましい。そこで「多様で多彩な就労チャレンジの場」を探し出すために、商業者や福祉関係事業所へのヒアリングも行われた。これ

により，簡易でありながら担い手の不足している部分的な仕事や，プロジェクトに協力できそうな仕事の切り出しも見えつつある。また事業所調査の実施自体が，生活困窮者や障害者の社会参加としての「はたらく」ことへの広い啓発・理解の促進ともなっている。地域ふくし活動推進委員会（各地域で具体的な地域アクションプラン等を検討する，住民代表者と行政・社協担当職員で構成される組織）の場で，地域活動の側からの検討も進められている。

　始まったばかりであり，特に未就労者調査で浮かんできた人には困難なケースも多いためチャレンジプロジェクトにつながった例はまだないが，障害者に関しては現在のところ，スーパーでの地元の商品の試食販売や，宿泊施設での仕事見学などが実施されている。

4　見出される新たな専門性

　中山間地域を多く抱え高齢化や人口減少などが激しく，「課題先進県」を自称する高知県は，その地域福祉の取り組みにも注目が集まる。小規模多機能支援の拠点である「あったかふれあいセンター」の導入により，制度を越えたしくみを作り出し，若い世代の働きの場としても機能させながら，面的な地域の支え合いを改めて結び直している。

　数値目標が立てにくく，また常に住民の成長や状況変化に応じた点検が必要となる地域福祉では，何をゴールとするかにおいても柔軟性ある判断と見極めが必要となる。住民の主体化は，誘導するものでも無理強いするものでもなく，歩みのペースやリズムを勘案しながら気づきを促し，一歩前に出ようとする重心のわずかな移動に素早く目をやり，そっと見守り，力を貸すようなアプローチが求められる。

　資料5－3は先述の山内・大川内地区の取り組みだが，「時間がかかっても，即活動につながらなくても，焦ることなく住民の気づきを待ち，それを大切にすくい取りながら，住民に任せてきた」と，「寄り家」のコーディネーターは語っている。即座に固めず次なるステップの高さをも住民に決定させていくと

第Ⅱ部　集落福祉への挑戦

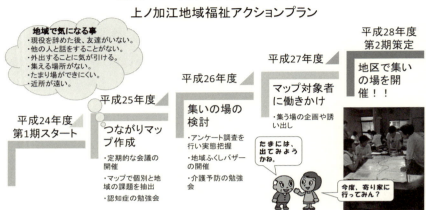

資料5-3　山内・大川内地区の取り組み

出所：あったかふれあいセンター「寄り家」作成。

いうスタンスは、自発性を強化して「私たちの、私たちの地区の取り組み」と語る住民を増やし、「地区らしさ」が活かされ、コーディネーターの予想以上の成果となって花開き始めている。

中土佐町は、制度の狭間、制度外の課題対応に行政の側から積極的な関心を持ち、資源の乏しい町がゆえに人材育成を重視してきた。分母が小さい町だからこそ、「あったかふれあいセンター」や「はたらくチャレンジプロジェクト」が地域共生を意識した地域づくりへと手を広げる意味は大きい。生きづらさを抱える人たちにとって、社会参加や就労のきっかけから他者や社会との関係性が構築され承認されることで、本人自身が持てる力に気づいていくプロセスとなる場合もあるだろう。

実は、高知県の「あったかふれあいセンター」のコーディネーターにも、中土佐町の「はたらくチャレンジプロジェクト」に携わる職員にも、資格要件はない。東日本大震災の復興では、仕事を失った非専門職の被災者が被災者支援従事者になったケースが多い（CLC 2013）。被災地でこれら生活支援相談員が担ってきたのは、当事者性をもって等身大で寄り添い行う生活支援であったし、それが専門職と異なる点であった。むろん研修や経験により、かれら生活支

第5章　社会参加をすすめ地域課題を解決する「しごとづくり」

相談員のスキルアップが重ねられてきた。けれど，暮らしにおける住民性をベースとする，言うなれば「新たな専門性」が重視されるべき領域もあるように思われる。本章では高知県と中土佐町を例にして，集落福祉への地域福祉の側からの接近を考えてきた。今後立ちはだかる新しい課題に対しても挑戦しうる，「新たな専門性」の役割を視野に組み入れていく必要があろう。

注
(1) 「まち・ひと・しごと創生総合戦略」（閣議決定資料）平成26年12月27日では，中山間地域等において，生活・福祉サービスを一定のエリア内に集め，周辺集落と交通ネットワーク等で結ぶ「小さな拠点」（多世代交流・多機能型）を形成し，持続可能な地域づくりを推進する必要性が述べられ，「あったかふれあいセンター」がその取組事例としてあげられている。

引用・参考文献
大西隆・小田切徳美・藤山浩ほか（2011）『集落再生――限界集落のゆくえ』ぎょうせい。
小木曽早苗（2015a）「中山間地と被災地における地域福祉拠点・人材・計画の循環性――高知県中土佐町と宮城県女川町の参与観察から」『日本の地域福祉』28, 83-94。
小木曽早苗（2015b）「中山間地と被災地における地域福祉の拠点・人材・計画の循環性――高知県中土佐町と宮城県女川町の事例研究から」日本福祉大学大学院修士論文。
小田切徳美（2014）「『農村たたみ』に抗する田園回帰」『世界』2014. 9，188-200。
厚生労働省（2015）『平成27年度厚生労働白書』。
高知県産業振興部中山間地域対策課（2012）「平成23年度　高知県集落調査」。
全国コミュニティライフサポートセンター（CLC）（2013）『震災被災地における要援護者への個別・地域支援の実践的研究報告書』2012年度厚生労働省老人保健事業推進費等補助金老人保健健康増進等事業。
日本福祉大学地域ケア研究推進センター（2013）『中山間地域における新たな地域福祉推進策としての「あったかふれあいセンター事業」の効果検証』。
野村総合研究所（2014）『コミュニティソーシャルワーカー（地域福祉コーディネーター）調査研究事業報告書』。
平野隆之（2008）『地域福祉推進の理論と方法』有斐閣。
平野隆之・小木曽早苗・児玉善郎・穂坂光彦・池田昌弘（2014）「東日本大震災被災地における被災者支援の課題と今後の展開――自立支援を目指す地域支援の視点から」『社会福祉論集』130, 67-88。

第6章
「考える農民」としての暮らしを支える多機能ワーク
——生活改善と庭先集荷から学ぶ

小國和子

　「考える農民をつくる」は，戦後日本農村で住民の生活向上を下支えした生活改良普及事業のスローガンである。農村生活改善は，経済的貧困からの脱却に加え，農村で主体的に生きる豊かさを問うものだった。他方で現在，過疎化，高齢化が進む中山間地域では，やはり生産拡大だけでない暮らしや生きがいを理解して住民の息長い自律生活を支える福祉的な生産支援が求められている。高知県黒潮町の庭先集荷事業は，その一例である。

　本章では，「年を重ねても考える農民でい続けられること＝主体的な暮らしの継続」を切り口に，時代を超えて二事例を併せ見ることで，今これからの農村集落の生産と福祉を考える素材を提供したい。

　生活改良普及員の活動では「状態と態度の変化」が目指され，特に「態度の変化」が重視された。暮らし全体の豊かさをゴールに設定し，「生産と生活は車の両輪」であることを明示した。他方で庭先集荷事業は，見守りやコミュニケーション機会の提供も付加した「生産×福祉」の多機能サービスであり，自力で生産物を市場に運べなくなった高齢の利用者から高く評価されている。

　しかし，意識づけややりがいという「態度の変化」を重視する事業は，いつの時代も評価が難しく，継続が課題となる。評価枠組みからはみ出してしまう理由の一つは，行政において複数部門にまたがる事業の意義が説明し難いためである。人の暮らしを支える上で，どこまで既存の制度的枠組みを編み直して「態度の変化」を重視できるかが，我々に問われている。深刻な高齢化が進む今の中山間地域で，年老いても自らの生活を主体的に「考え続けられる」暮らしをどのように支えるのか，事例から探りたい。

1 共通の視点——数値化しづらい「態度の変化」へのこだわり

　本章では，戦後日本農村で生活改善に取り組んだ生活改良普及事業と，高知県黒潮町で展開する「庭先集荷事業」の双方に通ずる「数値化し難い，人の〈態度の変化〉へのこだわり」に着目して，これからの農村支援を考える。

　本章で取り上げる農村生活改善および庭先集荷のいずれの事業も，農村における女性や高齢者の個人や小集団の変化プロセスを重視し，それを目的の一つに置いている。このため必然的に，対象となる生産・活動規模は小さく不安定であり，事業としての継続は危ぶまれ，支援関係者は苦慮しながらも，そこで生じる個々の変化にこだわってきた。ここで事例の共通項としてとりあげたいのは，人の意識と行動が変化していくプロセスを目的化するような，支援活動の「名付け」と，目的や評価設定の工夫である。

　戦後日本農村の生活改良普及事業では，生活の近代化と社会の民主化を希求すべく「考える農民をつくる」がスローガンとして掲げられ，生活改良普及員（以下，普及員）が農村における現場ワーカーとして採用された。普及員の支援活動では，人々の意識変容から行動の変化，状態の変化への長いプロセスにいかに寄り添うかが普及スキルとして鍛えられた。同事業は当時の農林省下で実施されたが，現場ワーカーとしての普及員は，農村現場で必要に応じて部署の壁を超えて教育委員会や保健師とも連携し，個人，グループそして農村地域全体の生活の見直しに奔走した。このため，農村現場では，事業を超えて生活改善運動と呼ばれることも多い。農村生活改善の経験知は近年，国際開発の文脈で再評価され，日常生活を見直していく視点や，地域資源を活用した開発アプローチとして紹介されてきている。

　他方で現在の日本に目を向ければ，過疎化，高齢化が進む中山間地域の農村集落では，住民ができるだけ息長く自律的な生活を維持していくための支援が求められている。高齢になっても続けられる小規模で自由度の高い「いきがいとしての」生産活動を維持することは，その方策の一つと考えられ，言わば「福

祉的な生産支援」の必要性が年々高まっている。

　農林省下で行われた「過去の遺物」としての生活改良普及事業と，現在の国内の営農支援や高齢福祉の現場は，時代や管轄の違いから，経験と課題を結び付ける制度上・政策上のしくみも，思想上の系譜も整っていない。このため，「地域とそこに暮らす人々を資源として捉え，〈いま，ここ〉から始める」という生活改善アプローチの経験知を，時代や空間を超えて共有，活用する場は，容易には生まれ難い。

　本章では，農村生活改善アプローチを援用している海外協力事例に着目することで，現代的な文脈で同アプローチを特徴づけ，現在進行形の庭先集荷事例と併置することで，時空間を超えた共通課題を抽出する。年を重ねても自らの暮らしを考え，実践する主体として，かつてのスローガンである「考える農民」を切り口に，これからの国内外の農村支援を検討するための素材としたい。

2　農村支援とは「主体的な生」を支えること

「庭先集荷」で生涯，生産者としての暮らしを応援する

　高知県黒潮町の「庭先集荷事業」は，2007年に社団法人高知県自治研究センターのモデル事業「コミュニティ・ビジネスが生む地域の支えあい仕組みづくり事業」の一環として黒潮町内の2地区でスタートした。黒潮町の中山間地域では，65歳以上人口が約半数を占め，過疎化が進む。そのような中，農作物等を生産しても自力で市場へ運べない高齢者のために，各家庭の庭先まで生産物を取りに赴く庭先集荷サービスは，利用者から好評を得，小規模ながらも2010年から町予算を得て事業化された。実際の運営は直売所を運営する民間業者に委託されており，集荷人は，ビジネスサポーターと呼ばれる。ビジネスサポーターは担当ルートを朝，車で巡回し，出荷物を「どんなに少量でも」集めてまわり，黒潮町内を中心に複数の直売所へ配達し，夕方には売れ残りの有無や数を連絡する（写真6-1）。

　また，ビジネスサポーターの業務内容には，集荷にかかわる作業に加え，見

写真6-1 早朝の庭先集荷風景

出所：筆者撮影，2012年。

守り機能が明記されている。同事業を立案した自治研究センターは，地域振興と高齢者福祉の融合を目指す「産業福祉」概念を打ち出しており，当初から福祉的な側面と生産的な側面の双方を併せ持つ事業設計がなされていた。モデル事業期間終了後は，地域をまわって説明会を行うなどして対象地域を拡大し，2010年度時点では登録者が7ルート全体で100名を超え[1]，最多で80名程度の出荷を得ていた。各自の売り上げは月数千円から10万円以上までと幅があり，毎月出荷がなくとも行事や家庭菜園の「旬」に合わせて不定期で出荷する人など様々である。出荷者の年齢は，7ルート全体で平均75歳であり，50代後半から90歳までを含む（2010年度出荷記録より）。

本章の議論は，筆者が2012年から2016年までの訪問時に得た一次資料に加え，自治研究センターが実施，蓄積してきた当事者アンケートや発表資料等をもとにしている。庭先集荷事業は，利用者から「耕作・出荷意欲が増した」「やりがい，楽しみが増えた」等と高く評価されてきた。中には，一時は自律生活が困難だった女性が，少ないながらも自らの生産物を市場に出し，幾ばくかの収入を得られることを張り合いに，見違えるように畑に通った例もある。

定年がなく「生涯現役で」と日々，畑に出る生産者は，加齢によって行政サービスの所轄部署が，自らの知らぬうちに「福祉」へと勝手にシフトし，社会の

第6章 「考える農民」としての暮らしを支える多機能ワーク

中で「老人」＝「福祉サービスの受け手」へと扱いが変わることにとまどう。そのような中，庭先集荷の出荷者は，生き生きと「生産者」であり続け，細々とでも市場とつながり，経済活動を続けることが，やりがいをもって自律的に生活する支えとなっている。

　生産者人口の高齢化が進む日本の農業振興では，一方では新規就農者を増やし担い手を育てる，生産活動の「入口」支援が急務である。しかし他方で，今後ますます高齢人口比重が高まる地域では，住民ができるだけ長く「生産者」であり続けるための支援，いわば農業者の「出口」支援もまた，切実な課題だろう。この点において，庭先集荷事業における「少しでも長く自律的に，やりがいをもって生活できる手立てを支援する」アプローチは，現在の日本が推し進めようとしている強い産業としての農業という視点だけで割り切れるものではなく，主体的な生をどこまでいかに支えるか，という課題である。それはいわば現代的な文脈で「考える農民としての日常＝自律的な暮らし」の継続を支えることであり，その時々の「心豊かな暮らし」(中村 2007)を目指す生活改善アプローチのこだわりと重なる。

現在の海外協力で活かされる農村生活改善アプローチ

　かつて筆者は，復興―開発期のカンボジア北西部農村で，貧困削減と安定的な農業生産を目指す開発援助事業(2003～2006年)[(2)]に従事し，担当業務の一部として女性のグループ活動の活性化に取り組んだ。対象地域では，内紛や強制労働など負の歴史によって住民間の信頼関係が崩れ，協働が難しいと言われていた。複雑な村内関係のもとで，物理的な生活の安定と同時に，信頼関係の再構築と自己肯定感の獲得が求められていた。手探りで「支え方」を模索していた筆者にとって，「考える農民をつくる」「集団的な思考を育む」といった，人の「態度の変化」に着眼する生活改善の経験知は，動機付けや意識喚起のような地道で可視化し難いアプローチを，第三者へ説明する手掛かりとなった。

　多彩な個人の変化を，効率性重視の事業評価枠組みに後づけで組み込むことは容易ではなかった。生産高の増加や生計向上に直結しない，細々とした栽培

写真6-2　農作物を持ち寄って加工を楽しむ女性たち

出所：カンボジアにて筆者撮影，2005年。

や加工の活動は，現在の日本と同様に，費用対効果の観点から事業存続の意義に対して疑問が呈されやすかった。そのような時，筆者は，戦後日本農村で何十年と農家女性に寄り添ってきた元生活改良普及員に相談し，支えてもらった。徐々に生じる住民の気づきややる気など「態度の変化」を，一過性で単発の動きとみるのではなく，「やっとそこまで来ましたか」と，より長期的な成長過程における段階的な兆しとして整理し，「次の一歩は」と具体的な経験に裏打ちされた立場からアドバイスをもらえることは，成果測定が困難な「ひとづくり」支援を進める上で，貴重な支えとなった。

　自己実現支援型アプローチとでも呼びたいような，人の態度の変化を目的化して前向きに評価する普及員の語りが，筆者の眼前で生じていたカンボジア農村女性達の変化や動きに，時代・地域を超えて共鳴することに，筆者は驚き，勇気を得た（写真6-2）。

　社会的にも家庭内でも脆弱な立場だった農村女性達の自信を育み，生産規模や額面では測れない小さな活動を地域の中で評価してもらうために，農村生活改善では様々な「場」が創出されていた。なかでも全国的に特徴的なツールの例が多種多様な「コンテスト」である。筆者がかかわっていたカンボジア農村でも，農産物の加工活動と不定期の販売といった，小規模ながらも自律的な活

写真6－3　地区普及事業実績発表大会

出所：沖縄県の松田敬子さん提供。

動を通じて自尊心を高めてきた女性たちが，自らの活動を村長や周囲の人たちに「公認」してもらいたいという要望が生まれ，同様の場を設けた。その時にも，日本の元普及員からは「コンテストをするなら〈地域の権威〉〈将来的な販路開拓につながる人たち〉〈子どもたちの反応〉の三者につないで，気を配って」といった具体的な助言が届いた。これら助言からも読み取れるように，生活改善アプローチでは，その時点での活動や経済的成果の規模と頻度以上に，より長期的な観点から，生産する行為とそれが社会的に承認され，やりがいを感じる機会の提供を重要視していた。写真6－3は当時の「活動実績」発表会の一例だが，「甘藷の栽培」「私の養豚」（傍点は筆者）から「グループの歩み」「普及改良の歌」まで，普及員が支えた「活動」がいかに参加者の自主性に重きをおく，広範にわたるものであったかがうかがえる。

3　「自ら考え続けられる暮らし」の支援に向けて

多目的化・多機能化する支援ワークの「枠にはまらない」ゆえの苦労

　上述の2つの事例をつなぐ共通項の1つ目は，一事業における多目的化と，支援サービス，支援ワーカーの多機能化である。

第Ⅱ部　集落福祉への挑戦

　高知県の庭先集荷事業は，「福祉的な生産支援」と冒頭に紹介した通り，単純に生産物を市場へ運ぶだけでなく，高齢者への見守りやコミュニケーション機会の提供等を意図的に付加した多目的サービスであり，日々の運営において，自ずとワーカーの役割が多機能化し得る柔軟性が担保されている。

　カンボジア農村で女性たちが見せた変化は，加工技術の獲得とその販売による収益だけでなく，知り得たメンバー間で貯蓄活動に転換するなど，多目的な展開を見せた。これに伴い，当初は農産加工の技術と知識を提供することばかりに力点を置いていた現地普及員も，時には保健分野のNGOと連携して「衛生的なパッケージ」セミナーを行い，またある時には小規模クレジット支援団体を招聘して，人々の貯蓄サポートの機会を提供した。

　しかしこれら事業の多目的化・多機能化は，政策施行上の枠組みからみれば，事業の管轄部署の範疇をはみだすことにつながり，評価が複雑化する。上述の2つの例はいずれも結果として，当事者からの評判は高いが，管轄する農業振興部門では評価が容易ではないという課題に直面した。参加者自身の意識づけややりがいという「人の態度の変化」を重視して支援活動領域を広くデザインすることで，既存の評価軸から外れていくためである。

　黒潮町で庭先集荷を担当するビジネスサポーターは，生産物の運搬に加えて，「少し連絡がないと，集荷依頼がなくてもこちらから電話する」「集荷依頼がなくても立ち寄ってみる」といった見守りや，「もう少しパッケージを工夫したら売れるのでは」といった助言をするなど，高齢の生産者がやる気を喚起，維持するための小さな試みを日常的に行ってきた。こうした取り組みの結果として，高齢者が農作業を続けて自律的な生活を維持できれば，要介護人数の増加を抑制できるとも期待されるが，必然的に小規模で個人差があるがゆえに，個別の「態度の変化」は描けても，経済効果や健康指標の数値化という点で，「状態の変化」への直接的な因果関係を示しにくい。

　2事例の支援アプローチの共通点を整理すると，①対象となる人々が自ら考え，行動し，主体的な生活者として生きるその生き様を支えることを目的化していることであり，それが②多機能化，多目的化のプロセスを導く。そして，

第6章 「考える農民」としての暮らしを支える多機能ワーク

①②を踏まえた生産活動は自ずと不定期だったり小規模であるがゆえ,③経済効果の薄さ,曖昧さにより,事業としての継続性に苦労が絶えない。庭先集荷のビジネスサポーターの一人は「人間は頭を使って,体を使って,稼ぐということがすごくプラスになる。金額は少なくても,稼ぐという行為自体がとても重要です」と話し,そうやって「元気な人が増える」ことを期待する。しかしながら他方で,現在の行政サービスにおいて,農業生産と福祉は異なる管轄部署に依拠するため,双方にまたがった事業の具体化は容易ではない。

福祉と生産——多面的な支援領域を「名づける」

このような,現場に沿うほどに制度内に収まり難くなるという課題に対して,過去の生活改良普及事業ではどのように工夫したのだろう。一つには,「考える農民」を掲げた普及事業の初期では,実態を踏まえて制度を塗り替え,対応した。たとえば同事業が開始された1949年,17ある普及技術のうち,稲,果樹といった栽培技術領域に混じってたった一つ「生活改善」技術が掲げられた。それが5年後の1954年には,衣服,食物,住居,家庭管理に4分割され,さらに「農業」と「農民生活」の2つのサブカテゴリをもつ「普及方法」が技術領域に加えられた。[5] 実践を通じて支援サービスの分類自体が見直される対象となり得たのである。中でも,「生活」を技術の一領域として「名づけ」たことで,日常的で取るに足りない家庭内改善の数々が,事業の一環で評価可能になったことは,現在,「生活」という包括的な括りがないために部門別の事業評価が困難で継続に苦しむ支援現場にとって示唆深い。

また普及員の日常活動は,訪問スタイルで細かく分類された(写真6 - 4)。これも,全ての活動を記録の対象にして,寄り添う行為を可視化,データ化する「名づけ」の工夫だった。

高知県黒潮町の庭先集荷事例においても,既存の枠組みを乗り越える「名づけ」が戦略的になされた。同事業を企画した高知県自治研究センターは,「産業福祉」という言葉を用いることで,中山間地域の高齢者の実態に即した生きがい対策など,多面的な社会的機能を含み込む生産支援として同事業を展開し

第Ⅱ部　集落福祉への挑戦

写真6-4　生活改良普及員の活動記録簿にみる巡回活動の「名づけ」

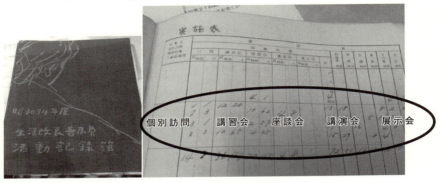

出所：滋賀県の普及員より提供された，昭和34年度の記録簿より。

た。

　国際開発では，既存の評価軸に収まらないアプローチや，既存の個別部門で対応しきれない複合的な目的設定を可能にするために，「人間の安全保障」や「キャパシティディベロップメント」など，支援アプローチの新たな「名づけ」が行われてきた。ならば，高齢化が進む今の国内の農村で「考える農民」を支え続ける後押しとなる「名づけ」はなんだろう。筆者は，「名づけ」をきっかけに，部署間連携が自ずと促進されるような多面的な事業の実現を図ることを期待したい。人口減少が進む中山間地域の農村へのサービスは，必然的に小規模化せざるを得ない。庭先集荷事業のような福祉的生産支援と，生きがいづくり支援の延長線上に含まれる生産活動のサポートが単独で併存する実態を解消し，多面的側面を持つ事業内での連携を促進することは，現実的な対策の一手ではないだろうか。そのためには，かつて，分野を超える運動としての一面を持ち得た生活改善のように，「名前の共有」が必要である。

「考える農民」の歴史的背景と，現代農村における共通の価値基盤の模索

　2つの事例を通して得られる示唆の2つ目は，支援―被支援といった立場性の違いを超えて，同時代に生きる者として共有され得る価値基盤の必要性であ

る。たとえばカンボジアの事例で述べた通り，かつて日本農村で掲げられた「考える農民」スローガンは，当時の農村支援に際して，個人の主体性や自己実現と，生活が依って立つ場としての地域コミュニティ，生きることに直結する食と農業の価値にこだわり続ける支えとなってきた。そしてその基盤には，敗戦からの復興と成長への希求という，人々に広く共有される思いや価値観があった。そういった同時代に生きる者としての共感が，相互に既存の制度を超えていく原動力の一つとなったであろうと考えられる。

そのように考えると，当時の「考える農民」スローガンが，現代の農村支援現場でそのまま過去と同様にメッセージ性を持つわけではない。部門を超えて共有され得るような農村支援コンセプトの「名づけ」は，時代と地域固有の文脈によって規定され，政策的な後押しがあって実践が担保される。

また，政策的な意味づけが，時には現場で矛盾を引き起こすこともある。戦後日本農村における「考える農民をつくる」というスローガンは，敗戦を契機にGHQ主導で推進された日本の近代化と民主化志向が色濃く反映され，戦勝国から輸入されたともいえる普及事業に対する相克も各所で生じたという。よって当時でも尚，農林省の初代生活改善課長の山本松代氏が提唱した「生活の価値」の転換が，どこでも自然に受け入れられたわけではない。普及に従事する者は「アメリカの落とし子」と揶揄されたという回想録や，「考える農民」で求められた「農民の自主性は，不断に手段化され」（浅見 1984），現場で矛盾を抱え込んだという指摘もある。

しかし注目すべきは，行政によって推進される政策次元での農村近代化と，日々の巡回で直面する農村女性が求めるささやかな変化との間に，時にギャップを感じながらも，普及員は目の前にいる人々の生活＝暮らしの課題に寄り添い，意識と行動の変化に向けて尽力したことであろう。

昭和30年代から農村女性を支え続けた普及員が語った「一人ひとりの心が自分の力で自由に解き放たれ，民主的な発言や行動が出来ることが真の民主化ではないでしょうか」という問いかけは，戦後日本にとどまらず，むしろ疲弊する今とこれからの日本の農村や農業の未来を考えさせるメッセージとして胸に

響く。本書で扱う「集落福祉」の概念もまた，農村の現状を捉え，相互扶助的な機能が衰退する中で，集落独特の「住み続けたい思いの共有」を実現するために，総合的な「生活＝暮らしの課題」を検討するために提唱されている（平野・藤井 2013：126-131）。今の私たちは，これからの農村生活にどのような価値を求め，何を共有していけるのだろうか。

4　プロセスにおける創造の豊かさ

　ここまでに述べてきたことを整理してみよう。まず，①マクロ政策次元で「考える農民」に代表される包括的な「名づけ」がなされることが，農村生活を，サービス部門別に切り刻まずに支える制度的な後押しとなる。また，②農村現場では，支援─被支援を超えて同時代に生きる者としての価値を共有し，相互に共感をもって臨むことが，人と組織を縦横につなぐ原動力となる。そして，③支援ワーカーは，これら制度上の「包括的な名づけ」（①）と農村での共通の価値基盤（②）をもとにして，使命と確信をもって幅広い活動に寄り添えるようになる。これらマクロな政策次元とミクロな農村実態を結ぶ支援ワークの工夫を，時代や地域を超えて，国内外の農村集落支援の現場で，同様のジレンマを抱えながら住民の「いきがい」「やりがい」に寄り添うような生活支援に奮闘している読者と寄せ合い，次の一手を模索したい。

　高知県黒潮町の庭先集荷事業は，関係者の理解を得て2016年度現在まで継続されている。しかし，最多期には，ビジネスサポーターと呼ばれる集荷者を4名雇用し，7ルートを回っていたものが，2015年度は3名，2016年度は2名に減じられ，ルートも統合されてきた。現利用者からの需要と評価は依然として高いが，利用者数は50名を切っている。多機能サービスとしての「庭先集荷」の情報をあまねく伝え，潜在的な需要を発掘していくには，現在の単独事業では人的資源が限られる。他方で，一人暮らしや高齢者世帯に対して，地域網羅的に展開する福祉サービスや，高齢者も多く利用している保険商品を管理する農協等，関連してくると思われる現存サービスがないわけではない。単独事業

の多機能化で負担感を増すのではなく，目的と対象者が重なる複数事業の「多面的一体化」が，「名づけ」とともに進むことを期待したい。

　戦後日本農村の生活改善が，近代化と民主化の実現を求めてきた結果，得たのが「消費としての豊かさ」だったことは否めない。だとすれば今，我々が探るべきはこれまでと同じ枠組み上に収まる活動ではなく，立場を超えて原動力となる新たな共有価値を生み出せるような，「プロセスにおける創造の豊かさ」ではないだろうか。

注
(1)　登録者の中には不定期な出荷者がいるため，登録者イコール出荷者数ではなく，月毎に出荷者数は異なる。
(2)　国際協力機構（JICA：Japan International Cooperation Agency）による「バッタンバン農業生産性強化」プロジェクト（2003-2006）。
(3)　電子メールでのやりとりを通じて。
(4)　平成27年度実績でサービス利用者は47名。
(5)　ただし，実践上の文脈と政策変化に即して修正を加え続けた結果，平成4年には労働衛生，居住環境，生活経営といった生活領域「技術」の名前はことごとく消失し，現在では「生活」領域自体が存在しない。

引用・参考文献
浅見芙美子（1984）「農業技術教育における教育構造の問題——農業改良普及事業における技術伝達をめぐって」『東京大学教育学部紀要23』417-425。
畦地和也（2011）「コミュニティ・ビジネスが生む地域の支え合い仕組みづくり事業について」（「新たな公」によるコミュニティ創生支援モデル事業中国地方整備局活動報告会でのプレゼン資料）。
小國和子（2005）「村落開発援助におけるエンパワーメントと外部者のまなび——日本農村の生活改良普及事業から途上国援助への教訓」佐藤寛編『援助とエンパワーメント』アジア経済研究所。
高知県自治研究センター（2011）『黒潮町における「庭先集荷」事業関係者意見交換会』。
高知県自治研究センター（2012）『コミュニティ・ビジネス研究 2010年度年次報告書』。
中間由紀子（2009）「戦後改革期における生活改善普及事業と婦人会」『農林業問題研究45（1）』108-113。
中村攻（2007）『心豊かな暮らしのデザイン』新日本出版社。

第Ⅱ部　集落福祉への挑戦

BAPEP（2005）「バッタンバンの大地から」Vol. 2, No. 4, カンボジア王国バッタンバン農業生産性強化プロジェクト。

ビオス（2012）「平成23年度　黒潮町地域の物流等支援事業報告」（訪問時入手資料）。

平野隆之・藤井博志（2013）「集落福祉の政策的推進に向けて——地域福祉による中山間地支援」『地域福祉研究』126-131。

矢守克也・渥美公秀編（2011）『防災・減災の人間科学——いのちを支える，現場に寄り添う』新曜社。

第Ⅲ部

福祉とまちづくりの融合
―― 地域で福祉をつくる方法と人材 ――

まちづくりと福祉

　私たちは前書『福祉社会の開発』（ミネルヴァ書房，2013年）において，釧路市のNPO「地域生活支援ネットワークサロン」による一連の試みを「福祉からまちづくりへ」と位置づけ，一方，箕面市の先進的な同和地区でのNPO「暮らしづくりネットワーク北芝」を中心とする取り組みを「まちづくりから福祉へ」と捉えて，対比的に議論してみた。両者はそれぞれ生活保護率の極めて高い街，被差別の歴史をもつ地区という地域特性を背景に，取り組みの出発点は大きく異にしているけれども，いずれも「たまり場」「居場所」といった共生空間をつくり出すことを重要な方法としている。このような物理的・社会的空間から，アイデアやチャレンジが生まれ，支え合うアクションが楽しく展開していくのである。

　まちづくり（地域再生）と地域福祉とは，異質な領域と思われがちだが，地域を経済的にも活性化させ，一人ひとりの声を聞き取って生活を支え合う，という地域の自治において統合される。余語トシヒロの理論を借りれば，前者は「資源の創出」であり，後者は「資源の配分」である。この統合を促進するのが開発福祉であるともいえる。

　だが，これには地域のマネジメントが必要である。マネジメントといっても，まず達成目標を掲げてその実現のためにブレを最小に抑えるコントロールの技術ではない。誰もがいきいきと参加しうる枠組みや制度環境を設定し，人びとの相互作用の活性化を支え，そこから生まれるものを見きわめ，対応して枠組みそのものを改変しながら地域を持続させる取り組みである。

居場所と参加

　第7章では，愛知県長久手市のまちづくりに関わる政策展開を追いながら，市民が気軽に参加し交流できる「居場所」が工夫されていくプロセスを描いている。居場所は，参加する人がそこに役割を見出し，市民主体のまちづくり文化を「発酵」させていく枠組みである。

　長久手から約30キロ南の高浜市は「福祉でまちづくり」を市政運営の骨格として掲げ，「居住福祉のまちづくり条例」をいち早く制定したことで知られている。第8章は，これを背景に市全域の5地区に成立した「まちづくり協議会」（以下，まち協）を比較しながら，まち協が次第に内発的となり福祉志向の活動を展開していったと指摘する。あるまち協は，単なる町内会連合の枠を超えて当事者団体を含む多様なアクターを包含することにより，障害者が働くカ

フェやパン工房を開設した。こうして行政に主導される「やらされ」感を脱して，住民主体の文化がつくられていく。ある協議会リーダーは，まち協の活動は全て福祉につながり，弱いメンバーの活動をテーマにすればするほど，まち協が進展する，と語っている。

コミュニティマネジメントと人材

地域の人材を育てることも，マネジメントの一つだ。たまたま優れたリーダーがいたからまちづくりが進んだ，というのは，開発福祉の観点からは解答になっていない。そうしたリーダーはなぜ生まれてきたのかと，地域の土壌を考え，リーダーシップに問題が生じたときに他の人に交代できる文化を育てるのが，持続的なマネジメントとなる。

第9章では，コミュニティマネジメントに焦点を当てる。韓国ソウルの城東住民会は，居住の権利を守る都市貧民運動から出発し，信用協同組合，生協，社会的企業等を包含する自治的組織である。北芝地区では，上記の通り部落解放運動を背景に，NPOを中核とするまちづくりが「つぶやき拾い」を基に展開してきた。両者の間には，交流し学び合う相互訪問関係が続いている。共通するのは，変化する外部環境に対応しながら，地域で支え合う，安心できるまちづくりを，運動として持続させようとするマネジメントである。このプロセスから次世代の人材が育つ。こうしたマネジメントの実質的な担い手として「中間組織」についても論じている。

第10章は，開発福祉の人材問題を扱う。これまで私たちが「福祉開発マネジャー」と呼んできた働き方のイメージは，第Ⅱ部，第Ⅲ部において，制度不全の中山間地や，制度外で福祉とまちづくりを統合する実践現場で，多様なタイプの人たちに体現されているのをみることができる。本章では，制度がいわば崩壊した東日本大震災後の被災地の復興の中で，地域支え合いの拠点づくりを提言し，生活支援相談員の研修を実施してきたNPO法人「全国コミュニティライフサポートセンター（CLC）」に焦点を当てる。その理事長の池田昌弘氏は，日本福祉大学大学院が実施する福祉開発マネジャー養成プログラムにロールモデルを提供する実務家教員でもある。この章は，まず同プログラムのカリキュラムを解説し，次に被災地支援における池田氏の役割，そしてその後の展開の中に，福祉開発マネジャーのリアリティを探っている。

（穂坂光彦）

第7章
「たつせがある」まちづくりの推進
—— 長久手市

吉村輝彦

　長久手市では，「一人ひとりに役割と居場所があるまちづくり」，つまり，市民一人ひとりが，地域の一員として，自分の持っている力を活かしてまちづくりに取り組んでいる。しかも，こうした取り組みを，市民の主体性の育みを行いながら進めている。長久手市の言葉に，「発酵のまちづくり」「わずらわしいまちづくり」があるが，時間をかけてある種文化として市民主体のまちづくりを醸成していこうとしている。

　たとえば，地域共生ステーションの取り組みでは，人々が誰でも気軽に参加できて，また，多様な人とのつながりや交流を楽しめるように展開している。大事な点は，地域共生ステーションが市民にとって，自ら出かけたくなる場所（居場所）であり，また，地域の住民などとつながることができる場所（居場所）であるとともに，そうした場所で能動的に活躍できるという出番・役割がある場所にしようとしていることである。同時に，地域共生ステーションを生み出していくプロセスに市民が主体的に関わっていくことで，自分ごとの取り組みにしようとしている。

　長久手市における取り組みを通して言えることは，その地域に住む市民一人ひとりが当事者となって地域のことに関わっていくことのできる「場」，そして，フラットでフレキシブルな「場」をつくることの重要性と必要性である。こうした場を通して，市民の当事者意識が引き出され，自分たちの住むまちのことを「自分ごと」として捉え，主体的に関わることができるようになっていく。

1 長久手市におけるまちづくりの政策展開

　長久手市では，近年，行政主導によりハード整備が進められてきた中で，現吉田一平市長のもとで，市民主体のまちづくりにじっくりとした姿勢で取り組んでいる。そこには，長久手市の将来を見通した時に，高齢者人口の増加，生産年齢人口の減少，核家族化のさらなる進展など社会変化への対応も視野に，自律的に魅力に満ちた，持続可能な地域づくりが必要であると認識していることが背景にある。2016年3月に策定された，「まち・ひと・しごと創生総合戦略」では，「一人ひとりに役割と居場所があるまちづくり」を戦略の根底に据えている。ここでは，近年の長久手市におけるまちづくりの政策展開を俯瞰し，これからのまちづくりを進めるにあたり，何を目指して取り組んでいるのかを，行政計画に着目して整理する。

「第5次長久手市総合計画」（2009年）

　第5次長久手市総合計画（以下，第5次総合計画）は，2009年3月に，前町長のもとで策定された総合計画である。計画策定時の2009年の推計では，長久手市（当時は町）の人口は，土地区画整理事業やリニモを基軸としたまちづくりなど，本計画に盛り込まれた施策を展開することにより，計画期間中は増加すると予測し，将来人口フレームを2018年に6万3000人と設定した。その後，2010年の国勢調査結果が公表され（5万2022人），市の開発状況を加味した長期的な見通しが必要なことから，本計画の中間年にあたる2013年に将来人口推計の見直しを行った。その結果，将来人口フレームを計画期間直後の2020年に5万8000人，2040〜2045年の6万4000人をピークに減少すると設定した。

　第5次総合計画では，町の将来像を「人が輝き　緑があふれる　交流都市　長久手」とし，「万博理念を継承し，自然・環境にこだわるまち」，「リニモでにぎわい交流するまち」，「人がいきいきとつながるまち」，「文化をみがき，人が輝くまち」，「みんなの力を結集する自治と協働のまち」というまちづくりの

5つの基本方針を示している。また，将来像の実現に向けて，拠点プロジェクト「リニモテラス構想」，"里山版"田園バレープロジェクト「木望の森構想」，健康プロジェクト「ながくてアクティブ構想」という3つの主要プロジェクトを掲げている。

「第1次新しいまちづくり行程表～いっしょにつくろう新しいまちのかたち」(2012年)

　長久手市では，2011年8月の町長選挙の結果選ばれた吉田町長の所信表明に基づき，2012年6月に，2012年度から2016年度までの4年間の取り組み内容や実施スケジュールをまとめて，「第1次新しいまちづくり行程表」として示した。

　長久手市だけに限らないが，以前は自分たちが関わっていた様々な地域の取り組みが，いつの間にか，行政が多くのことを担うようになった。結果的に，地域も，行政に対して過度に依存することになり，他方で，要望・要求することが当たり前のことになった。この時，行政も，サービスを受け取る対象者（消費者や利用者）として地域住民を見ることになり，社会の変革の担い手（チェンジ・エイジェント）として捉えることはなかった。また，以前は地域の絆で互いに助け合ってきたが，地域のつながりが希薄になってきた。長久手市では，こうした時代の流れを改めて問い直す中で，かつて住民が地域で担っていた役割や居場所を取り戻し，互いに助け合うことで生きがいを持って充実した日々を過ごす「幸福度の高いまち＝日本一の福祉のまち」を目指している。なお，ここで求められていることは，単なる郷愁ではなく，今置かれている地域や社会の変化の状況をしっかりと見つめ，現代の文脈の中で，地域が持つチカラを取り戻し，あるいは，創造しながら，様々な課題に対して立ち向かっていくことである。かつてはうまくいったこれまでのやり方がこれからは通用しない時代になってきているからである。

　長久手市では，この目標に向かって，3本のフラッグ（基本理念）のもと，市民と市職員が一緒に汗を流しながら，21の政策　70の取組を進めていく。そして，個々の取り組みを積み重ねて「新しいまちのかたち」を一緒につくって

いくことになる。

　フラッグ１　つながり「一人ひとりに役割と居場所があるまち」……11の政策と27の取組

　フラッグ２　あんしん「助けがなかったら生きていけない人は全力で守る」……５つの政策と26の取組

　フラッグ３　みどり「ふるさと（生命ある空間）の風景を子どもたちに」……５つの政策と17の取組

「長久手未来まちづくりビジョン」（2015年）

　長久手市では，2015年10月に，「未来まちづくりビジョン」を策定した。2050年頃までは人口増加を続けると予想されている中，それでもいずれは進展する人口減少や少子高齢化，情報技術や人工知能の技術の進歩によりもたらされるコミュニケーション能力の低下や人とのつながりの希薄化が想定されると認識している。このような課題に今から時間をかけて対応し，一人ひとりが豊かに暮らせるまちの実現を目指すため，2050年頃の将来のまちの姿をイメージした「未来まちづくりビジョン」を策定した。現状・課題分析やそれらを解決するための具体的な施策は，今後策定する10年計画である次期総合計画の中で反映させていくことになる。

　「未来まちづくりビジョン」は，全体テーマと個別テーマから構成されている。全体テーマは，「人・場・時をつなぎ　夢をはぐくむ長久手」であり，個別テーマは，「人をつなぐ／老若男女がつながる，顔が見えるまちづくり」，「場をつなぐ／地域資源を見つけ，広げて使うまちづくり」，「時をつなぐ／歴史文化を継ぎ育て，健康福祉を通じて支えあうまちづくり」，「夢をはぐくむ／チャレンジする人の想いを支え，希望を育てるまちづくり」という４つである。

「長久手市人口ビジョン・まち・ひと・しごと創生総合戦略～一人ひとりに役割と居場所があるまちづくり」（2016年）

　急速な少子高齢化の進展と人口減少に対応するため，国において，2014年11

月に、「まち・ひと・しごと創生法」を制定し、また、2014年12月に、人口の現状および将来の見通しを示した「まち・ひと・しごと創生長期ビジョン（長期ビジョン）」とまち・ひと・しごと創生に関する目標や施策に関する基本的方向、施策を総合的かつ計画的に実施する「まち・ひと・しごと創生総合戦略（総合戦略）」が策定された。長久手市でも、2016年3月に、人口の現状分析や将来展望を示す「人口ビジョン」と施策の方向性や具体的な展開をまとめた「まち・ひと・しごと創生総合戦略」を策定した。

国の「まち・ひと・しごと創生長期ビジョン」では、2060年に1億人程度の人口が確保されることを踏まえつつ、長久手市の「人口ビジョン」では、2060年に7万人程度の人口規模を目指している。また、長久手市では、当面の間は、比較的若い世代を中心に転入超過が続き、自然増も合わせ、人口が増加する可能性が高いと考えられるが、やがては人口減少、超高齢社会を迎えるとの認識のもとで、「まち・ひと・しごと創生総合戦略」では、将来の社会変化に対応するために、「一人ひとりに役割と居場所があるまちづくり」、つまり、市民一人ひとりが、地域の一員として、自分の持っている力を活かして活躍していくことを根底に据えている。そして、「役割・しごとづくり」、「子育て支援」、「地域コミュニティ・地域福祉」、「観光交流」の4本柱を相互に関連させ、「誰もが活躍できる役割・しごとをつくる」「子どもを通して家族と地域の輪が広がるまちをつくる」「地域のつながりを構築し、元気に安心して暮らせるまちをつくる」「地域の魅力を活かし、賑わい・活気・交流をつくる」という4つの基本目標を掲げた。

「第2次新しいまちづくり行程表〜市民主体で実現する『幸せが実感できるまち』」（2016年）

2015年8月の市長選挙の結果、再任された吉田市長の2期目の所信表明に基づき、2016年4月に、2016年度から2019年度までの4年間の取り組み内容や実施スケジュールをまとめて、「第2次新しいまちづくり行程表」として示した（資料7-1）。ここでは、将来、超高齢・人口減少社会になっても、一人ひとり

第7章 「たつせがある」まちづくりの推進

資料7-1 長久手市におけるまちづくりの変遷と将来

出所：「第2次新しいまちづくり行程表～市民主体で実現する『幸せが実感できるまち』」(2016年4月)。

に役割と居場所があり、幸せが実感できるまちを目指している。行程表がその道しるべとなる。まちづくりの基本理念であるつながり・あんしん・みどりの3本のフラッグを大切にし、「幸せが実感できるまち」の実現に向け、11の政策 57の取組を進めていく。市民が当事者としてまちづくりに関心を持ち、個々の取り組みに主体的に関わることが「幸せが実感できるまち」の実現につながる。

　フラッグ1　つながり「一人ひとりに役割と居場所があるまち」……3つの政策と10の取組

　フラッグ2　あんしん「助けがなかったら生きていけない人は全力で守る」……4つの政策と35の取組

　フラッグ3　みどり「ふるさと（生命ある空間）の風景を子どもたちに」……4つの政策と12の取組

　このように、長久手市では、市民一人ひとりに役割と居場所があるまちづく

りを推進しているが、これを、「たつせがある」まちづくりと呼んでいる。造語である「たつせがある」とは、「立つ瀬がない」の対義語であり、「だれもが役割を担い、活躍し、必要とされ、生きがいを持って楽しく過ごすことができる」ことを表したものである。地域住民が地域で担っていた役割や居場所を取り戻し、互いに助け合うことで生きがいを持って充実した日々を過ごす「幸福度の高いまち＝日本一の福祉のまち」を目指している。

2　長久手市における取り組み事例

　長久手市において展開されている、市民の主体性を育み、それぞれの役割と居場所づくりにつながる取り組み事例を整理する。ここでは、「地域共生ステーション」、「なでラボ」、そして、「ながくて幸せのモノサシづくり」という3つを取り上げる。

地域共生ステーションとは何か

　フラッグ1の「一人ひとりに役割と居場所がある（＝たつせがある）まち」の実現のために、市民と市職員がともに地域のことを地域で考え、地域で取り組む「新しいまちづくりの仕組み」をつくろうと様々なプロジェクトが展開されている。プロジェクトの中で、新しい市民参画のアプローチを試みている特徴的なプロジェクトの一つが、小学校区という小さな地域単位で顔の見えるまちづくりを進めるための拠点としての「地域共生ステーション」づくりの取り組みである。

　「地域共生ステーション」とは、市民・市民団体・事業者・市職員などが地域で気軽に集い、語らい、地域のことを地域で考え、地域で取り組むための拠点として、既存の空き店舗などを活用して小学校区ごとに整備する施設である。これは、単に建物を建設するだけではなく、地域社会が失いつつある機能、近所付き合いや井戸端会議などを復活させて、子どもから高齢者まで多様な人たちの「居場所」をつくる取り組みである。長久手市地域共生ステーション条例

では、「地域活動の拠点となる場を提供するとともに、地域の課題に対する取組を推進するため、ステーションを設置する。」(第2条)とあり、また、長久手市地域共生ステーション規則では、「高齢者や障がい者、子どもたち、学生をはじめとする市民誰もが気軽に集まり、語らい、地域のために一人ひとりが役割をもって、様々な取組を行うことのできる地域の拠点である」(第1条)と、地域共生ステーションの目標と役割が明確に定められている。

地域共生ステーションづくりの取り組み

2012年4月に始まった地域共生ステーションづくりの取り組みでは、従来のワークショップのように行政側がステーションの計画案(イメージやコンセプト・規模・機能などの施設計画)をあらかじめ提示して、その案に対して市民からアイデアや意見を出してもらうという形ではなく、白紙の状態で参加者と向き合う形で取り組みが始められた。「ステーションを作ってもらって、自分たちが使う」という、居場所が与えられ、市民＝お客という形ではなく、市民自らが将来的に運営にも関わるなど当事者(自分ごと)としての意識を育み、居場所を生み出していく取り組みとなることを目指した。そのため、市民の協議の場であるワークショップでは、予定調和的な進め方ではなく、まずは、どのような場が地域に必要であるのか、ステーションとはどのような場であるのかを、参加者同士のわいわいがやがやの対話を通してイメージを膨らませていった。相互のやりとりを通じたエンパワメントも重要になる。ここからステーションの基本コンセプトとして生み出されたのが、「ふらっと小屋(こやぁ)〜一人ひとりが主人公」である。このコンセプトには、「誰でも気軽に立ち寄ることができて一人ひとりが役割をもって活躍できる場所」との参加者の想いが込められている。

　ワークショップが始まった頃は、これまでの予定調和的な進め方に慣れた参加者が市の計画案が提示されないことを訝って参加しなくなる一方で、この新しいやり方に共感を抱き、自ら司会進行や記録を担う参加者も現れ始めた。こうして20回以上に及ぶワークショップを経て、2013年11月に開設した第1号の

第Ⅲ部　福祉とまちづくりの融合

ステーションを見ると，誰でもふらっと立ち寄ることのできる開かれた空間の中で，訪れた人は思い思いの時間を過ごしながら，スタッフや他の利用者との何気ない会話を楽しんでおり，地域の「居場所」としての存在感は高まってきている。このような場づくりは一朝一夕にできるものではなく，時には，わずらわしいことであるかもしれないが，スタッフと利用者，そして，その中間に位置する人々の手で少しずつ形づくられており，10年後にはさらに進化する可能性を持っている。

　他の小学校区のステーションづくりの取り組みでは，最初のワークショップで，大きなクラフト紙を床に広げてイラストでアイデアを描くという手法を取り入れ，自分たちが「やりたいこと」，「できること」を描くことから始めた。この一見して無謀なワークショップのプログラムにより，結果として「自分たちでできることをまずやってみよう」を合言葉にした小さな地域独自の取り組みが生み出された。現在，有志による地域の課題に対応する取り組みが始まっている。

　小学校区という地域単位で行われている地域共生ステーションづくりの取り組みでは，地域ごとに，ステーションの規模や機能，役割が異なることを前提としていることが特徴である。地域の状況（＝課題）はそれぞれ異なり，地域で必要とするステーションの役割も異なる。そのため，「ステーションは○○○」を前提にした事前確定的な進め方ではなく，地域の人々が集まって話し合い，地域の状況を浮き彫りにしながら，自分たちが必要とするステーションを自分たちで考え，自分たちでつくるという手法で進める必要がある。こうしたプロセスを経ることで，参加者は，ステーションづくりに参加しているという手応えを実感することができ，同時に，主体的に運営にも関わろうという「自分ごと」の意識を持つことができるようになる。

　こうした地域共生ステーションの取り組みと連動しているのが，まちづくり協議会の設立に向けた取り組みである。まちづくり協議会とは，小学校区単位で地域の課題を地域一体となって解決するため，自治会のほか，地域に根ざしたこども会やシニアクラブ，企業，NPO，各種活動団体などをネットワーク

化した組織である。地域で活動する様々な団体や地域に住む全ての人々が参加することができる。多様な人が，多様な方法でまちづくり協議会に参加できるように，現在設立に向け，モデル地区として西小学校区と市ヶ洞小学校区において準備が進められている。

　さらに，市社会福祉協議会（以下，市社協）では，地域の困りごとや福祉課題を解決するためのしくみづくり，話し合いの場として，地区社協の設置を目指している。地区社協には，地域の相談員として，コミュニティ・ソーシャルワーカーを配置していく。現在，校区において，適宜学習会が開催されているが，西小学校地区では，地域共生ステーションに職員が常駐している。

　このように，地域共生ステーションは，個々の居場所ということだけではなく，社会的な居場所，そして，地域の共生空間としての拠点，さらには，まちづくり協議会の活動拠点とし，地域における様々な課題を解決し，地域を運営（マネジメント）をしていくことが目指されている。

市民協働プロジェクト「なでラボ」の取り組み

　2014年，新しい時代の市民協働のしくみづくり，そして，次世代のまちづくりの担い手の発掘と育成を目指して，20代から40代までの若手の市民と市職員が集まり，市民協働プロジェクトが始まった。

　このプロジェクトは，「な」がくて「で」きたて「ラボ」ラトリーで，「なでラボ」と名づけられた。この取り組みの特徴は，あらかじめ課題を設定してワークショップを行うのではなく，参加者自身が，地域課題を自分たちの視点で捉え，自分たちができること，やりたいことを組み合わせて，解決するための企画を考え，実行するという手法を取り入れている点である。この創発的な場づくりの試みには，これまでまちづくりに関わりの持てなかった世代の多彩なスキルをもつ人々が「まちへの想い」をもって集まってきている。その参加のきっかけは，「人に誘われて」，「スキルアップがしたくて」，「なんだかおもしろそう」，「つながりのきっかけに」，「まちづくりに参加したい」と人それぞれであるが，多様な人々と出会い，関わる中で，「なんとなく」から「本気で楽しん

でいる」というような気持ちの変化が見られるようになってきている。
　この「なでラボ」のワークショップでは，「知ること，学ぶこと，考えること，描くこと」を基本に，ファシリテーションやヒアリングの手法を学びながら，先進地の視察合宿やフィールドワークを重ねて，自分たちの長久手の「理想の暮らし」を思い描き，その実現のために下の5つのテーマを見出し，取り組みを始めている。
　① 子育て・学び――ともに学び，ともに育む
　取り組み：市民先生，体験教室，パパ運動会
　② 場づくり――あなたと長久手結びます
　取り組み：なでLABOX：空き家の活用
　③ お外――「外」で人がつながる
　取り組み：長久手にツリーハウスをつくろう！
　④ まつり――交流からつながりへ
　取り組み：地域の情報収集，情報発信
　⑤ 食――食を通じて　つながる・ひろがる
　取り組み：焚き火BAR，サルベージパーティ
　「なでラボ」の取り組みを進めるプロセスにはあらかじめ決められた形はなく，参加者の想いを大事にしながら，自分たちができること，やりたいこと，そして，何よりも「楽しい」と思えることに取り組んでいる。長久手というまちに必要なことは何であるのか，自分たちがやろうとしていることが地域に何を引き起こすのかを見極め，ただ考えるだけではなく，企画をカタチにしながら，実践し，表現し，発信していこうとしている。この「なでラボ」は，新たに出会った仲間たちと新しいカタチのコミュニティ～地縁とも仕事の縁とも異なる「新たな縁」を育む場となっており，今も「これを実現したい！」という想いをもつ人々が参加してきている。
　「なでラボ」の取り組みの重要な点は，独自の視点を持ち，「本気」で楽しみながら，まちづくりを担っていくことである。まちづくりを特別なことではなく，日常的な当たり前のことと捉えて，自分たちの「やりたいこと」，「できる

第7章 「たつせがある」まちづくりの推進

図7-1 「ながくて幸せのモノサシづくり」の取り組みの進め方

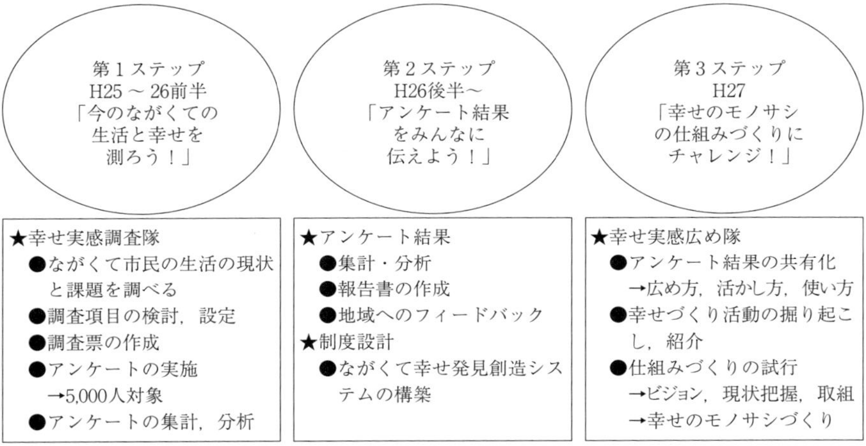

第1ステップ
H25～26前半
「今のながくての
生活と幸せを
測ろう！」

★幸せ実感調査隊
●ながくて市民の生活の現状と課題を調べる
●調査項目の検討，設定
●調査票の作成
●アンケートの実施
　→5,000人対象
●アンケートの集計，分析

第2ステップ
H26後半～
「アンケート結果
をみんなに
伝えよう！」

★アンケート結果
●集計・分析
●報告書の作成
●地域へのフィードバック
★制度設計
●ながくて幸せ発見創造システムの構築

第3ステップ
H27
「幸せのモノサシ
の仕組みづくりに
チャレンジ！」

★幸せ実感広め隊
●アンケート結果の共有化
　→広め方，活かし方，使い方
●幸せづくり活動の掘り起こし，紹介
●仕組みづくりの試行
　→ビジョン，現状把握，取組
　→幸せのモノサシづくり

出所：長久手市のウェブサイト「ながくて幸せのモノサシづくり」（https://www.city.nagakute.lg.jp/keiei/shiawasetyousatai.html）（2016.10）。

こと」が，自然なカタチで「地域が必要とすること」につながる新しい市民協働のしくみをつくり，そして，10年後，20年後を見据えた「人材のつながり」を育むことを目指している。自分の役割を見出しながら，自己実現を図ることにもつながっている。

　実際に，「なでラボ」を通じた学びやそこで生まれた人と人とのつながりが，その後，地域共生ステーションづくりのワークショップにおけるファシリテーション支援の役割を担うことにつながるなど，人材育成とその後の役割の発揮が連携しており，これからの活躍が期待される。

ながくて幸せのモノサシづくりの取り組み

　「ながくて幸せのモノサシ」は，長久手のまちが，着実に，市民が健康，活き活き，幸せに生活するまちに向かっているのかどうかを確かめていくための道具であり，まちの実現に向け，市民が自ら動き出し始める新しいしくみづくりである。この「モノサシ」の具体的な目標設定にあたっては，市民がイメージする理想のまちはどのような姿であるのかを考え，その理想の姿に向かって

いるのかを確かめることが重要になる。この「モノサシ」では，従来の指標や統計データの背景に隠れていた市民の生活実感や地域の状態を把握し，地域や暮らしの中にある本当の課題を見つけ，みんなで解決策を考えて行動していくことを目指している。実際に，図7−1にあるように，3つのステップを踏まえ，取り組みが進められ，「ながくて幸せ実感調査隊」から「ながくて幸せ実感広め隊」へと展開している。

3　市民の主体性を育み「自分ごと」のまちづくりを展開

　長久手市では，「一人ひとりに役割と居場所がある（＝たつせがある）まちづくり〜誰もが地域で必要とされる存在になれるまちをつくる」が推進されている。人間関係が希薄になりつつある地域社会において，誰もが気軽に集まって，顔見知りの関係を築き，互いの力を活かしながら支え合うことができる，そうした個々の，そして，地域の居場所としての地域共生ステーションやまちづくり協議会の存在意義は今後高まっていくだろう。

　この取り組みを進めるにあたり大事なことは，知識と経験を持つ多様な人々が集まり，対話を通して地域で必要とされる「何か」を自分たちの力で創り出すことのできるフラットでフレキシブルな「場（状況）」をつくり，運営（マネジメント）していくことである。そこでは，行政側が「あまり手を出さずに見守りながら，市民に判断を委ねる」というスタンスを持つこと，さらに，市（行政）も市民と同じ立場・意識で一緒に現場で汗を流すという姿勢が求められる。

　さらに，こうしたまちづくりのプロセスにおいて重要なのは，市民の主体性を育んでいくことである。長久手市での取り組みを象徴するキーワードとして，「発酵」と「わずらわしさ」がある。長久手市の「2015年度当初予算の要旨」では，「『発酵』から学ぶまちづくり」の重要性が指摘されている。ここでは，市民が主役になり，じっくり時間をかけて練り上げることがとても大切であり，誰にでも役割と居場所があるまちづくりを目指すためには，この「発酵」から学び実践することが，新しいまちづくりには有効であり，一番の近道であると

している。さらに、「2016年度当初予算の要旨」では、「市民主体の"わずらわしい"まちづくり」という記述があり、そのための市民と行政、市民同士をつなぐきっかけとなる環境整備を進めていくとしている。

　このように、「市民一人ひとりに役割と居場所がある」取り組みを行いながら、そのプロセスにおいて、市民が関わることで、地域への愛着や誇りを取り戻していく、まさにシビックプライドの醸成も含めて、市民の主体性を育み、「自分ごと」のまちづくりを展開していこうとしている。地域共生ステーションの取り組みを含めて、様々な取り組みが行政や時には市民活動の縦割り的に実施されるのではなく、多様な主体や取り組み自体が連携して、相乗効果をもたらすことができるのか、また、取り組みが持続的に、そして、自立的に展開していけるのかどうか、しっかりと見ていきたい。

引用・参考文献

長久手市ウェブサイト「地域共生ステーション」（https：//www.city.nagakute.lg.jp/tatsuse/chiiki_kyousei_station/tiikikyouseistation/index.html）（2016.10）

長久手市ウェブサイト「市民主体のまちづくりを目指して――新しい仕組み「まちづくり協議会」の設立に向けた取組」（https：//www.city.nagakute.lg.jp/tatsuse/shimin_katsudo/machikyou.html）（2016.10）

長久手市ウェブサイト「市民協働プロジェクト」（https：//www.city.nagakute.lg.jp/tatsuse/ct_shimin_kyoudou_project.html）（2016.10）

長久手市ウェブサイト「ながくて幸せのモノサシづくり」（https：//www.city.nagakute.lg.jp/keiei/shiawasetyousatai.html）（2016.10）

第8章
まちづくり住民組織による福祉の地域展開
—— 高浜市

朴兪美・平野隆之

　本章では，必ずしも福祉を目的とするわけではないまちづくり協議会（以下，まち協）という住民組織を取り上げ，その福祉指向の展開可能性を探る。

　2000年以後，市町村合併を契機に住民自治組織の組織化が自治体行政の政策として現れる。本章で取り上げる高浜市のまち協はその代表的事例といえる。高浜市は90年代から「福祉でまちづくり」を掲げ，独自の福祉政策を展開し，全国から注目される自治体となった。2000年代に入ってからは，「地域内分権」の推進として小学校区ごとにまち協の組織化を進め，まち協を通した福祉でまちづくりを模索してきた。

　本章での問題関心は，次の2点に集約できる。一つは，市の「福祉でまちづくり」という政策的展開に影響され，行政主導によって立ち上がったまち協が，どのように住民主導の組織として展開していくのか。もう一つは，そのプロセスのなかで，まち協と「福祉でまちづくり」がどのように結び付けられ実体化していくのか。これらを通して，まち協のまちづくりが福祉と融合する可能性を探り，その展開を「まちづくり型福祉の開発」として展望してみたい。

　以下では，第1節で「福祉でまちづくり」の政策的展開の文脈について述べ，第2節で市のモデルとして最初に設立された南部まち協の取り組みから，福祉の開発が実体化するプロセスに注目する。次の第3節で，南部まち協による福祉の開発が他のまち協にも展開できるかを，市内全まち協の住民リーダーインタビュー調査の内容を通して探り，最後にまちづくり型福祉の開発として検討する。

第Ⅲ部　福祉とまちづくりの融合

1　市政策としての「福祉でまちづくり」の展開

　市政策によるまちづくり協議会の組織化と福祉はどのようにつながるのか。その背景には「福祉でまちづくり」という市政策の展開がある。

市政策の福祉中心への転換
　高浜市(1)は「福祉でまちづくり」というスローガンのもとに福祉政策を進めてきた。その始まりは，森貞述前市長(2)が就任した90年代からである。市長のリーダーシップのもと，高浜市は政策方向性を「福祉」へと大きく転換する。
　当時，駅前を商業地として再開発しようとしていた市は，その計画を白紙に戻し，福祉拠点として開発することを選択した。アクセスが良い駅前に，行政の福祉関連部署等が集まる福祉のワンストップ体制「いきいき広場」を整備した（1996年）。年末年始を除いた359日対応体制の福祉拠点の整備は，行政の業務体制改革につながっていた。
　「土建自治体から福祉自治体へ」（『朝日新聞』1999年2月4日）の政策転換は，高齢社会の渡来を先取りした自治体の選択として高く評価された。介護保険が導入されるなかで，高浜市は国が示した制度の枠組みを超えて，市独自のサービスを上乗せした介護保険サービスを開始した。たとえば，市独自の「宅老所事業」（今日の介護予防に当たる）等の開始である。
　福祉の人材養成を重視していた市はヘルパー養成講習会を進めていたが，講習を受けた住民が自発的にボランティア組織をつくり始めた。市は地域の空き施設等を活用し宅老所を整備し，その運営を住民ボランティア組織に任せた。現在も市内に設置された5か所の宅老所は住民ボランティアの協力によって運営されている。
　こうした高浜市の「福祉でまちづくり」は，福祉施設やサービスの充実化を強調するイメージの「福祉のまちづくり」とは区別するものとして用いられた。「福祉」という価値のもとに，行政の意識改革をはじめ，地域住民の意識変化

第8章　まちづくり住民組織による福祉の地域展開

など，住民生活を重視する地域づくりが表明されている。

地域福祉計画策定の場と住民参画

　自治体独自の政策として注目された「福祉でまちづくり」が，住民主体の「福祉でまちづくり」として展開できるには，地域福祉計画の策定が大きい。社会福祉法の改正とともに，地域福祉計画が法律上に位置づけられる（2003年）。そのモデル事業を実施した高浜市は，全国に先立ち計画を策定し，住民参画の場が形成される策定プロセス重視の計画モデルを示した。

　市の計画策定は，2001年から2年間に渡って「ひろば委員会」という住民参画の場の形成とともに進められた。住民146名が参加した「ひろば委員会」では，小学生からお年寄りまで，障害当事者から福祉に関心がなかった住民まで，さまざまな人々が参加していた。参加した住民は5グループに分かれて，事業を企画し，その事業を実験的に行い計画としての採用可能性を検証したりした。

　行政にとって地域福祉計画策定の場は，住民参画を経験し学ぶ場となった。住民を行政に対して何かを要求する側として認識していた行政職員は，地域のことを一番よく知っているのは住民であり，地域の課題解決において住民との協力・協働が大事だということに気づく。住民も議論だけでなく，行政と協力・協働し実験的に事業を行うことで，実質的な住民参画を体験できた。

　計画策定を通した場の形成は，住民と行政が互いに協力し合う新たな展開を生み出した。その一つが小地域レベルでの住民参画の組織化を図るコミュニティ政策への波及である。住民ボランティア活動によるサービス提供（たとえば，宅老所での住民活動）だけではなく，住民の企画力にも大きく気づいた市は，地域住民とともに進める「福祉でまちづくり」の可能性に注目することになる。

コミュニティ政策「まちづくり協議会の組織化」への波及

　平成大合併の動きは市の政策にも大きな影響を与えた。高浜市を含んだ近隣5市にも合併の議論が出たが，合併委員会の設置は否決された（2002年）。近隣自治体のなかで一番小さい高浜市は，合併のような外部環境の変化に振り回さ

第Ⅲ部　福祉とまちづくりの融合

表 8 - 1　高浜市のまちづくり協議会（2013年6月1日現在）

設立	Aまち協 （2005年）	Bまち協 （2007年）	Cまち協 （2008年）	Dまち協 （2008年）	Eまち協 （2009年）
人口	6456人	12270人	7683人	9411人	10188人
会員	正会員99人 16団体	正会員106人 協力139人 24団体17企業	会員74人 6団体	評議員54人 21団体	正会員93人 4団体
拠点	市有 384.76m²	市有 347.37m²	市有（公民館2F） 42m²	JA所有 381.75m²	市有 161.74m²
事業	障がい者支援 子ども支援 高齢者支援 防災・防犯 公共施設管理等	子ども支援 高齢者支援 伝統文化 防犯・防災 環境保全 公共施設管理等	防犯・防災 環境美化 地域団体支援等	防犯・防災 高齢者支援 公共施設管理等	絆づくり 防犯・防災 環境保全 公共施設管理等
財源	交付金（まちづくりパートナーズ基金），施設管理受託金，寄付金，事業収入等				

出所：高浜市ホームページの掲載情報を踏まえ，筆者（朴）作成。

れないように，持続可能な自立した地域を構想していくことになる。

　市は2003年から2004年にかけて議論をつづけ，「住民力」「職員力」「財政力」の3つの柱で住民・行政の協働によって進める構造改革を示した[4]。その方策の一つとして，住民主体の地域力を高める「地域内分権」という政策を示し，具体的にまち協の組織化を選択することになる[5]。

　まち協の組織化には，地域福祉計画策定において形成された住民参画の場を引き継ぐことが想定されていた。住民参画の地域運営によって，地域生活の課題を解決し，小地域で「福祉でまちづくり」が実体化していくことが期待されていた（次節で南部まち協の組織化において詳述する）。

　まち協は市全域の小学校区（5か所）に設置された（表8-1）。住民自治組織として推進されたため，まち協それぞれの立ち上げのプロセスや重点事業は異なる。活動の財源としては，管理受託金（まち協が拠点の建物を指定管理），交付金，寄付金，事業収入等が用いられている[6]。

2　まちづくり協議会による「福祉でまちづくり」の可能性
　　――南部の取り組み

行政主導（トップダウン）から住民主導（ボトムアップ）へ
　高浜市は小学校区単位で町内会を束ねる組織化を選択し，そのモデルとして南部まち協の組織化に着手した。行政主導でまち協を組織化することは簡単なことではない。3町内会があるなか，新たに地縁組織のまち協が組織化されることについて，住民からの反発は少なくなかった。やらされ感を感じた住民からの不信を克服するためには，かなりの時間が必要とされた。
　そのプロセスでは，人々の出会いから場を形成していくという地域福祉計画策定の経験を生かした取り組みが行われた。3町内会会長・公民館長・地域団体代表・小学校校長・地元市議員等，地域住民の参加によって「地域内分権検討委員会」(2003年11月～2004年12月，12回)を構成し，2つの分科委員会「地域共生事業検討」「介護予防事業・防災等検討」を設置した。検討委員会では，勉強会・調査・研究・実験事業等を実施しつつ，福祉を重要なテーマとして位置づけていった。
　とくに，地域共生事業の分科会には，社会福祉協議会（以下，社協）職員の仲裁により，市内の障害児をもつ親のグループが参加した。地縁コミュニティの委員会と障害児の親の当事者団体との出会いや話し合いが成立したことで，障害者が地域と交流しつつ働くという当事者団体の構想が実現できるようになった。まち協の拠点「ふれあいプラザ」(2006年設置)のなかで障害者が働くカフェやパン工房が設置されたのである。
　南部まち協は，地縁コミュニティを越えて当事者団体の参加を認めた。それをきっかけに新たな出会い・つながりを広げ，社会的弱者への支援を積極的に取り入れることになる。そのなかで，南部まち協は自分たちが指向する価値を見出し，行政主導によるやらされ感を克服していくことになる。そこにはまち協と当事者団体を媒介するていねいなプロセスがあり，それを支援する行政や

第Ⅲ部　福祉とまちづくりの融合

社協の役割がみられた。

地域のつながりづくりのマネジメントと福祉の実体化

　南部まち協では，地域での出会い・つながりを意識したプログラムの開発と運営がなされている(図8－1)。新たな地縁組織としてのまち協の意義を，弱っている地域での人々のつながりを再構築することにおいていた。プログラムの開発と運営において，南部まち協は団体間の横断的なチーム体制を重視している。まち協に参加している各団体は，一団体ではできない活動を他団体とのチーム体制で挑戦できるため，自分たちの活動を向上させる新たな動力を得ることができる。

　横断的チーム体制は地域交流も向上させた。チャレンジド支援事業（カフェやパン工房等を活用した若い障害者の仕事づくり支援）は，少数の住民参加でスタートしたが，2015年現在活動参加者が420名に至る。障害当事者とのふれあいを通して，地域が偏見や差別を乗り越え，活動主体に変わってきている。障害者を含む社会的弱者への関心は他のプログラム開発や運営に広がり（認知症や独居高齢者に関心を注ぐ防犯・防災事業，子ども・青少年の居場所を考える公園管理等），まち協の活動が実体化していくほど，地域課題に対応するプログラム開発・運営と地域のつながりづくりとが好循環している。

　こうしたまち協の活動が住民主導の「福祉でまちづくり」として実体化していく上では，具体的な活動（プログラム）を開発し運営する地域リーダーシップ（集合的住民主体性）に基づいたマネジメントが欠かせない。たとえば，まち協の活動に障害者支援を展開できたことには，一部地域住民の反対を乗り越えた地域リーダーシップの決断が大きい。実際のまちづくり活動を進めていくなかで，反対側に立っていた地域住民も支援側に立つことができた。そのなかで，「まち協の活動は全て福祉につながり」「弱い者のための活動をテーマにすればするほど進展する」[7]という福祉の実体化が行われた。

第8章　まちづくり住民組織による福祉の地域展開

図8-1　地域のつながりをつくるプログラム開発・運営（●主導，○参加）

プログラム＼実施団体	地縁団体	子ども団体	高齢者団体	障害者団体
チャレンジド支援	●	○	○	●
ふれあい福祉農園	○	○	○	●
子どもの健全育成	○	●	○	○
生きがい	○	○	●	○
防犯・防災	●	○	●	○
図書館管理	○	●	○	○
公民館管理	●	○	○	○
公園管理	●	○	○	○

→ 地域交流の向上

↓ 各団体の活動の向上・拡大

出所：南部まち協資料（神谷義国氏作成）をもとに朴作成。

3　まちづくり協議会による開発福祉の条件(8)

　南部まち協の活動による福祉の実体化が，他のまち協にも普遍化できるのか。以下では，5まち協の住民リーダーをグループ・インタビューし，共通した内容を中心に（表8-2を参照），まち協による福祉の展開可能性やその条件について探る（本節ではインタビューの逐語録データは［　］として示す）。

まち協自らの価値創出によって生成される福祉指向性

　まち協は自治体のトップダウンの政策価値によって進められたため，住民には行政の下請け組織という［やらされ感］や抵抗感が根強く残っている。しかし，住民は［自分たちで企画する楽しさ］を味わいながら［みんなで一緒にやっていく］共同作業を進め，［崩壊しつつある地域団体］を支援するなど，［一団体ではできない活動］を行うことに，まち協の価値を見出していた。

　そのなかで，地域の交流や助け合いが広がり，［楽しさ］［喜び］［やりがい］等が住民共同の自発的な活動の原動力としてフィードバックされている。市からのトップダウンの政策価値ではなく，まち協自らの価値を住民共同の活動と

表8-2　5まち協に共通したインタビュー内容のカテゴリー

まち協の価値・意義	まち協の運営体制	行政や社協の支援体制
①新たな役割・居場所の提供 ・自分たちで企画する楽しさ ・できる範囲での参加 ・共同作業による所属感・愛着 ②地縁団体の支援・強化 ・町内会との連携・役割分担 ・一団体ではできない活動支援 ③地域の新たな関係形成 ・地域内の助け合い・交流促進 ・福祉につながる地域活動 ④行政下請け組織化への抵抗 ・やらされ感 ・不十分な権限への不満 ・住民自治の指向性	①手探りによる独自の運営体制 ・町内会役員体制との連携 ・事務局体制の重視 ・事務局長のリーダーシップ ・合意形成体制の多様性 ・事務局員の位置づけの多様性 ②手探り体制づくりの難しさ ・担い手の負担 ・事務局長の負担 ・運営上の課題の多様性	①職員が地域に出ていくかかわり方 ・職員の力量強化 ・市とのパイプ役・調整役 ②地域ニーズと支援のミスマッチ ・縦割り行政の一方的支援 ・受け継がらない支援 ・まち協間の連携調整の不十分 ③社協支援の弱さ ・社協との接点の不明確 ・社協役割の周知の不十分

出所：筆者（朴）作成。

ともにボトムアップ的に形成しつつあるということである。

　とくに［防犯にしても防災にしてもみんなが寄るきっかけ］ということが示しているように，まち協は地域の人々の関係形成を指向するという組織価値を形成している。関係形成の指向性は，［あえて福祉という言葉は使わなくて］も［地域の活動は福祉につながる］という地域住民の支え合いの形成として現れる。

　福祉実践そのものである支え合いの関係は必ずしも見守りネットワークのような福祉プログラムによって形成されるものではない。住民にとって現実に実践されている福祉の範囲は広範囲であり，返って狭い福祉への限定はスティグマを増幅させる（森本 2009）。狭い福祉を越えて地域に接することで，当該地域の福祉が推進されるということから，まち協のなかに広がる福祉指向性に期待できる。

地域リーダーシップによる福祉指向のマネジメント体制

　まち協の住民主体的な活動は，行政主導の価値注入（トップダウンの立ち上げ）から住民主導の価値創出（ボトムアップのマネジメント）への転換があることで，

第8章　まちづくり住民組織による福祉の地域展開

より進められていく。その転換は，まち協が立ち上がった以後，活動の実体化とともに進む。

　まち協は実際の運営に入ってから新たに［手探りで］独自の体制づくりを模索した。住民はまち協の組織体制を［手探りで］整備してきたことに，大変さを表している一方，自ら［うまいことつくった］という誇りを示した。実際，インタビューでは住民が自分たちでどのように組織体制をつくってきたかを熱く語る場面が多くあった。

　各まち協の組織体制はそれぞれ異なる特性をもつが，その多くはマネジメント体制（地域リーダーシップによるまち協の運営体制）と関連している。たとえば，事務局や事務局長のリーダーシップの重要性は5まち協共通の認識であるが，合意形成を図る上での事務局の位置づけは，［日常的な根回し］型，各事業から事務局員を出す［十人制］の事業連携型，事務中心型等で異なる。

　こうしたマネジメント体制の多様性が地域のリーダーシップ発揮の多様性につながり，まち協組織の福祉指向性という価値形成に大きく影響している。伝統文化，防犯・防災，環境等，まち協のマネジメント体制はそれぞれ異なる重点事業を設定しているため，福祉指向につながる地域関係の回復・形成も異なる形で現れる。

　行政によるまち協の組織化は，［手探りで］が示しているように，住民リーダーシップが発揮できる一つのきっかけになる場を提供したとみられる。そのきっかけが住民による組織形成，すなわち組織の価値創出につながるかは，まち協のマネジメント体制の構築に伴うものであろう。

マネジメント体制を支える支援のネットワーク

　マネジメント体制のなかで，事務局長への期待が多く［誰もやりたがらない］［やらされている］という現状がある。事務局長の負担を減らすためには，まち協への支援策として財政的な支援だけでなく，事務局のマネジメント体制に対する人的支援も求められる。

　市はまち協の活動財源（拠点の指定管理受託金，市交付金など）の確保を中心に

支援していたが，「特派員制度」（2008年より）という行政職員のまち協担当制を施行することになる。この制度は，まち協の提案によるもので，各まち協に4名の行政職員を配置し，市とまち協との［橋渡し役］を行うことになっている。職員は庁内業務に兼務する形でまち協の行事等にかかわるが，職員評価に反映されるということもあり，手あげ方式で特派員募集が行われている。

特派員制度は，まち協と行政との調整役として肯定的な評価を得ている半面，支援ニーズに合わない行政の一方的支援や受け継がれない支援等，行政支援の限界も表出している。とくに行政の縦割り構造は，連携体制に基づく地域担当制の支援基盤を形骸化させると指摘されている。

なお，まち協の活動が進むにつれ様々な活動ニーズが示される。それに対応していくためには，行政だけでない幅広い支援体制が必要とされる。Cまち協では，［弱者・一人暮らし老人を考える防災訓練を行ったが，大変だということで1回きりで中止］になった。社会的弱者を対象とした防災訓練のような活動には，社協等の福祉団体との連携が求められる。社協がまち協との接点を持ちにくい現状からすると，行政や社協等の連携によるまち協の支援体制の構築が求められる。

地域の価値創出とともに進む福祉とまちづくりの融合可能性

福祉の取り組みがまち協の活動として簡単に取り入れられるわけではないが，まち協の地域生活をベースとした活動は地域生活を支える福祉につながる可能性をもつ。地域生活の課題に着目しているまち協は，住民主体の組織活動の実体化とともに，交流・助け合い・支え合いという住民の関係性を拡大させる組織価値を創出している。こうした地域価値を創出することは，新たな地縁組織としてまち協が存在する理由であり，行政のコミュニティ政策によって形成されたまち協が，住民主導の組織として転換できる要素となる。

［誰もが安心・安全に暮らし続けられる地域］を目指すというまち協の価値創出は，福祉にほかならない。まち協が取り上げる地域活動は単なる交流にとどまることなく，地域のつながりの構築から支えあいの活動へと波及していく。

第8章　まちづくり住民組織による福祉の地域展開

図8-2　まち協による福祉への展開可能性

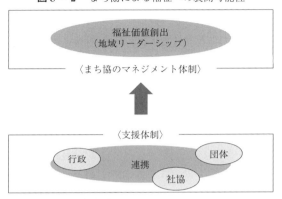

出所：筆者（朴）作成。

　まち協の福祉指向性は，南部まち協が示したように，「地域活動は福祉につながる」ということに帰結される。
(9)

　まち協による福祉の展開可能性は高浜市に限るものではない。2000年代のコミュニティ政策は，活発な住民運動を背景としていた70年代とは異なって，少子高齢化による地域生活の不安のような地域崩壊の危機等，住民活動のエネルギーの低迷期における新しいコミュニティのあり方の模索である（小田切 2009；原田 2007）。実際まち協の活動の中では，高齢者や子どもに関連した活動が多く，地域生活そのものに対応しようとする傾向が強い。

　結局，まち協活動の実体化が福祉の展開可能性につながるが，そこにはマネジメント体制の役割が大きい（図8-2）。地域住民主導の活動を実体化するマネジメント体制への支援はまち協の福祉指向性を具現化する条件となり得る。言い換えれば，まち協を通した住民主導の地域自治と福祉指向性は並行して進むということである。

　地域自治のマネジメント体制が構築されるためには，地域からのボトムアップを支える幅広いネットワークの支援体制が求められる。住民自治という言葉のもとで放置・放任するという住民へのお任せではなく，日常的なかかわりとともに一緒に参画するといった協同作業の支援体制が工夫される必要がある。
(10)

第Ⅲ部　福祉とまちづくりの融合

4　「福祉でまちづくり」の展望
——選別主義を超えるまちづくり型福祉の開発

　最後に，高浜市の福祉でまちづくりは開発福祉に何を示唆できるか。まち協の活動に地域自治と地域福祉の相乗的価値創出を期待できるのではないかという観点から，以下2点を示してみる（図8-3）。
　一つは，まちづくりのなかで，軽視されやすい社会的弱者の問題や包摂の視点を打ち出し，その機能をまちづくりのなかに取り入れさせることである（社会的包摂）。従来の福祉のアプローチは，選別的な対象の特定によって，ときには差別や偏見を増幅させることもあった。まちづくりは生活空間としての地域を対象とすることで，誰もが安心・安全に生活できる「地域」としての包括的な捉え方を促す。その中で，まち協による活動の実体化は，地域自らが差別や排除を超えるきっかけを提供しつつ，社会的関係の回復といった福祉の価値を組織レベルで創出し，それを地域価値に広げていく。つまりそのプロセスは，社会的弱者を含んだ「地域の誰もがつながる」という福祉の価値を地域に普遍化するということである。
　もう一つは，福祉指向のまちづくりにみる社会的投資の側面である。まち協という住民組織化を通して，支え合いの関係づくりによる予防的福祉の波及性を生み出す社会的投資が機能している。自治体の財政状況は厳しさを増している現状であり，高浜市も例外ではない。しかし，高浜市は住民リーダーシップによる新たな地域づくりのために，まち協の拠点，市民税の一部等を用いた活動財源，行政との媒介役としての人的支援等を工夫してきた。まち協の事務局運営においては，地域雇用も生まれている。こうした地域のつながりづくりへの投資が結局地域での支え合いという共生的福祉空間の構築につながるということである。
　上記の2つを実現させていく上で，高浜市のまち協は，福祉とまちづくりを融合させる媒介領域に位置している。高浜市のまち協がその媒介機能を果たす

第**8**章　まちづくり住民組織による福祉の地域展開

図 8 − 3　「福祉でまちづくり」による開発福祉

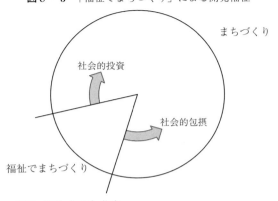

出所：筆者（平野）作成。

ことが，「福祉でまちづくり」が最終的に目指しているものといえよう。

注
(1)　高浜市は愛知県碧南地域の5市のうち，一番規模が小さい，面積14km²の小都市である。人口4万6000人で，高齢化率は全国平均より低い19％である（2015年現在）。高浜市が全国から注目を浴びるようになったのは，当時としては珍しい「福祉でまちづくり」という福祉政策を推進したことからである。
(2)　森貞述市長は1989〜2009年まで5期20年の市政を行い，まちづくり協議会による福祉でまちづくりの土台をつくった。
(3)　代表的な実験事業として「みんなの家」（障害者の家族が中心となって進めた障害者の居場所づくり），「ちょっこらや」（「ちょっと来てくれ」という意味で，ちょっとした困りごとに住民ボランティアが対応すること）等がある。これらの事業は，計画策定以後，実験事業を担った住民を中心に継続している。
(4)　「高浜市構造改革推進検討委員会」（2004年5月）は，報告書「高浜市が目指す持続可能な自立した基礎自治体」（2005年3月）を通して，3つの柱と方策を示した。
(5)　まちづくり協議会は，町内会・自治会を代表とする各種地域組織を横につなぎ，新たな住民層の参加を促しつつ，柔軟な発想と民主的な手続きによって，地域活動がより進められるように改めて組織化した地縁コミュニティである（大戸　1999：264）。
(6)　高浜市は，2005年4月に「まちづくりパートナーズ基金」を創設した。この基金は，個人市民税の一部（5％で始まったが1％に軽減する等，変動有）と寄附金を積み立て，

各種事業の実施財源として活用している（高浜市ホームページ）。
(7) 南部まち協の神谷義国氏等のヒアリング（2015年11月）からの内容である。社会的弱者への支援活動を進めていくほど，まち協の活動が進んだといい，まち協活動と福祉がつながることを強調した。
(8) 朴兪美・平野隆之・澤田和子（2015）「まちづくり協議会による地域福祉の展開可能性の条件——愛知県高浜市まちづくり協議会のグループインタビュー調査から」『日本の地域福祉』（第28巻）から抜粋し，大幅に修正加筆した内容である。インタビュー（2013年10月〜2014年1月）は，5まち協の住民リーダーを対象に行われた（計25名）。
(9) 永田（2011）は，まち協の活動自体が地域課題の気づきとなり，地域課題が広義の福祉課題である以上，必然的にまち協の自治が地域福祉に連動すると示した。
(10) 西氏は，まち協の住民主体への支援を住民への丸投げ・お任せと勘違いしてはいけないと指摘し，職員の意識改革の重要性について言及している（乾・西他 2011）。

引用・参考文献

朝日新聞記事（1999）「オンリーワン「新・公共事業」（介護保険　足もとから）」『朝日新聞』（1999年2月4日朝刊）。
乾光哉・西いく子・茂籠知美・永田祐（2011）「座談会：自治とケア——社協は自治を担えるか」『地域福祉研究』No39，70-88。
大戸徹（1999）「まちづくり協議会をめぐって」佐藤滋編『まちづくりの科学』鹿島出版会，262-268。
小田切徳美（2009）『農山村再生』岩波書店。
高浜市（2009）「高浜市第2次地域福祉計画」。
高浜市ホームページ（http://www.city.takahama.lg.jp）（検索日：2016.10.1）
永田祐（2011）「自治とケアをつなぐ——三重県名張市の地域内分権と地域福祉・地域包括ケアの取り組みから」『地域福祉研究』No39，35-47。
朴兪美・平野隆之（2013）「まちづくり志向の地域福祉の展開に関する研究——A市まちづくり協議会の事例研究から」第61回日本社会福祉学会秋季大会資料集。
朴兪美・平野隆之・澤田和子（2015）「まちづくり協議会による地域福祉の展開可能性の条件：愛知県高浜市まちづくり協議会のグループインタビュー調査から」『日本の地域福祉』日本地域福祉学会，第28巻，15-28。
原田晃樹（2007）「地域内分権と地域福祉のデザイン」『地域福祉研究』No35，27-40。
森本佳樹（2009）「コミュニティ福祉とは」『地域福祉研究』No37，2-8。

〔コラム1〕

「健康自生地」を核にした生涯現役のまちづくりの推進
―― 高浜市における取り組み事例から

吉村輝彦

　高浜市では，2011年度から，「生涯現役のまちづくり」事業が取り組まれている（図1）。これは，高齢化の進展に伴う様々な問題に対処するため，地域の人びとの見守りや協力に加え，市の既存の社会資源を活用し，高齢者の人びとに魅力溢れるメニューを提供することにより，介護予防，健康増進，さらには地域の活性化などを促す，市全体が協力し合って進めていくものである。高齢者が可能な限り介護を必要とせず，生きがいを持ち，自らの選択および決定に基づいた尊厳ある活発な暮らしを送ることができることを目指し，展開されている。そして，高齢者を含めて市民が，一参加者として参加する（受動的にサービスを享受する）だけではなく，様々な取り組みにおいて，担い手として関わる（能動的にサービスを提供する）ことが期待されている。

　「生涯現役のまちづくり」の取り組みにおいて，高齢者が住み慣れた地域でいきいきと過ごせるように，誰でも気軽に参加できて，体を動かした健康づくりができるように，また，多様な人とのつながりや交流を楽しめるように，市内にある施設や商店，公園など，元気で健康になれる場所を活用し，健康づくり活動を応援している。

　2013年9月から，市民が自ら出かけたくなる場所，そして，地域の住民などと触れ合うことができる場所を，「健康自生地」として認定している。市内に多くの「健康自生地」を設け，高齢者に楽しく巡って健康になっていくことを目指している。

　健康自生地に認定されるためには，定められた認定要件を満たす必要がある。具体的には，高浜市内で，以下の1～5の5つの認定要件のうち，2つ以上を満たす場所であれば，審査後に健康自生地として認定される。

1) 自らの意思で参加し，目的を持って活動することができる場所であること
2) 気軽に参加することが可能な場所であること
3) 地域の住民等とのつながりや交流が生まれる場所であること
4) 健康や元気を与えるための活動が実施されている場所であること
5) 憩いや安らぎを実感できる場所であること

第Ⅲ部　福祉とまちづくりの融合

図1　生涯現役のまちづくりが目指す姿「『健康自生地』をめぐって健康づくり・介護予防」

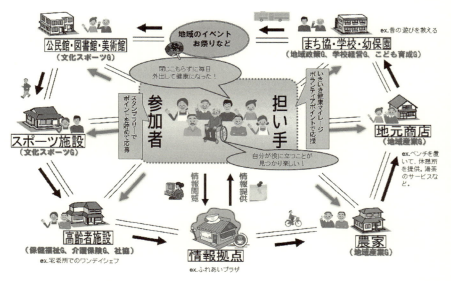

出所：たかはま元気 de ねっと（http://www.takahamashi.info/hazimete/hazimete.shtml）（2016.10）。

2016年9月15日現在，市内で90の健康自生地が認定されている（図2）。健康自生地の特徴としては，行政主導ではなく，地域の自主的な運営によって支えられていること，多彩な活動が行われる居場所が認定されていることがあげられる。

なお，2013年度には，「ざっくばらんなカフェ　田戸町店」が，2014年度には，「たかはま　ざっくばらんなカフェ」が，「健康自生地」として認定された。

健康自生地を活用した取り組みとしては，健康自生地スタンプラリーがある。これは，健康自生地を巡って活動に参加し，「まちめぐりポイント」を貯めて応募すると，抽選で賞品が当たる。なお，スタンプラリーは誰でも参加できるが，抽選に応募できるのは市内在住の60歳以上の人のみとなっている。また，高齢者にお勧めの地域の居場所である「健康自生地」やお出かけ情報などを掲載した情報誌『まいにちでかける『でいでーる』』を，年4回発行している。

関連して，高浜市では，「高浜市いきいき健康マイレージ」の取り組みもある。これは，高齢者が，いつまでも健康でいきいきと毎日を送るため，そして，長年培った知識，経験，技能を活かし，地域や社会へ積極的に参加するため，元気な高齢者を応援するための事業である。2011年5月以降，市が認定した「福祉ボランティア活動」や「健康づくり活動」に，高齢者が参加する

と，その活動状況に応じてポイントが付与される。1年間の活動を通して貯めたポイントは，商品券をはじめとする希望商品に交換することができる。

このように，「健康自生地」の取り組みは，人々が誰でも気軽に参加できて，また，多様な人とのつながりや交流を楽しめるように展開しているが，健康自生地は，市民にとって，自ら出かけたくなる場所であり，地域の住民などとつながる場所であるとともに，主体的に活躍できる場所になっている。

参考文献
吉岡初浩（2015.6）「住民手づくりの『健康自生地』で介護予防」市政，19–21。
「たかはま元気 de ねっと—高浜市・生涯現役のまちづくり事業」(http://www.takahamashi.info/)（2016.10）
「まいにちでかける『でいでーる』」(http://www.city.takahama.lg.jp/grpbetu/geneki/shigoto/deide-ru/deide-ru.html)（2016.10）
「高浜市いきいき健康マイレージ」(http://

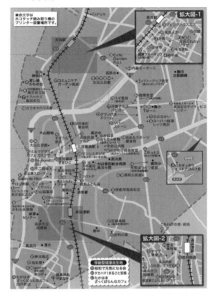

図2　健康自生地MAP（No.1–No.90まで掲載）

出所：高浜市福祉部・生涯現役まちづくりグループ「まいにちでかける『でいでーる』Vol.12，AKANE」（2016年9月15日発行）。

www.city.takahama.lg.jp/grpbetu/geneki/shigoto/mileage1.html)（2016.10）

第9章
コミュニティマネジメントによる福祉とまちづくりの融合
── 韓国城東住民会と箕面市北芝(1)

朴 兪美

　福祉とまちづくりを融合させ持続可能なシステムとして展開してきた事例として，本章では2つのコミュニティをとりあげる。韓国の城東住民会は，貧民運動からスタートし，いまやソウル市が進めているコミュニティビジネスのモデル事業を行っているなど，市政策の展開からも注目されている活動団体であり，ソウル市城東区杏堂洞をベースとしたコミュニティの形成プロセスを体現している組織である。

　城東住民会が自分たちの活動において参考にしつつ交流してきたのが，箕面市にある北芝というコミュニティである。北芝の活動は部落差別解放運動からスタートしたが，いまや地域福祉実践としても注目され（2013年度，日本地域福祉学会「地域福祉優秀実践賞」を受賞），2016年現在，北芝コミュニティの中核組織である NPO は箕面市全域の生活困窮者自立支援を担っている。

　2事例の展開では，変化する社会のダイナミズムに積極的に挑戦し続け，コミュニティを形成してきたマネジメントが存在する。そのなかで，貧民運動から地域のつながり重視のまちづくりへ，また部落解放運動の一環として取り入れられたまちづくりから地域のセーフティネット構築へといった，福祉とまちづくりの融合がなされてきた。

　本章では，こうした福祉とまちづくりとの相乗的・循環的関係を媒介する機能として，2事例（コミュニティ）が行うマネジメントに着目し，組織マネジメントを超えたマネジメントの可能性を見出す。そのために，2事例を相対化した分析を試み，コミュニティマネジメントの展開可能性を探る。さらに，福祉とまちづくりを媒介する「中間組織」という概念を用いて，コミュニティマネジメントを展開する主体について議論する。

第Ⅲ部 福祉とまちづくりの融合

1 実践交流に基づいた2事例の相対化

　福祉とまちづくりの融合はどのように行われるのか。さまざまな事例を追いながら，そのメカニズムに着目してくるなかで，コミュニティマネジメントによるプロセスの結果的産物が融合ではないかという仮説にたどり着いた。
　仮に，地域が福祉を開発し，それを持続可能なシステムとして展開していくとすれば，動力が必要である。その動力を生み出すものとしてまちづくりが考えられる。なお，地域でまちづくりを展開するとき，取り上げられる課題は福祉につながる地域生活課題が多く，福祉からまちづくりの動力を得ることができる。
　こうした福祉とまちづくりが互いの動力となり得る相乗的・循環的関係は，地域のダイナミズムのなかで，地域自らが福祉やまちづくりを展開し，その持続可能性を求めるマネジメントのプロセスによって成り立つ。本章では，そのプロセスに着目し，福祉とまちづくりの融合における相乗的・循環的関係を媒介しつくり出す，コミュニティマネジメントを探るために，2事例（コミュニティ）を取り上げる。[2]
　一つは，通称「北芝」といわれる，大阪箕面市萱野地域にある約200世帯の被差別地区に形成されてきたコミュニティの事例である。[3] 北芝の取り組みから，寺川 (2013) はコミュニティマネジメントを，「地域の社会関係資源を活用し，コミュニティビジネスや社会ビジネスを展開しながら持続的で自立的なまちづくり活動を展開するスキルや組織のこと」と定義している。
　北芝の取り組みのなかで用いられてきたコミュニティマネジメントを福祉とまちづくりの融合の観点から探っていくために，本章では，北芝の事例を相対化できるもう一つの事例をとりあげる。それは，韓国ソウル市城東区に位置した杏堂洞(へんだんどん)の貧民運動を始発点として形成された「城東住民会」の活動事例である。[4] 社団法人の形をとっている城東住民会は，複数の地区をカバーしつつ地域のさまざまな活動の中核として位置づけられ，コミュニティの形成プロセスを

体現している組織である。したがって，以下では「北芝」に対応するコミュニティ名として「城東住民会」という組織名を取り上げる。

この2事例は，長い間自分たちの活動を互いに映し出す鏡として交流を重ねてきた。北芝と城東住民会の交流が始まったのは，90年代の半ばに遡る。韓国の都市貧民運動団体は日本の部落解放運動地域を訪問したことをきっかけに，社会的排除・差別に対する運動という点で共通項を見出していた。地域間の相互交流の必要性を感じていた城東住民会は，それに続いて1995年に大阪の部落地域（浅香地区を中心に）を訪問した。その後，2007年，2013年など，互いを訪問する地域間交流が続く。相互交流から得られた気づきはそれぞれの地域の活動にフィードバックされる。本章はその蓄積に基づいているといえる。

なお，2事例の交流に触発され，アジア福祉社会開発研究センターでは，「コミュニティマネジメント研究会」(2013年，2015年) を開催し，北芝と城東住民会を相対化する場を設けた。本章では，研究会での議論を参考にしながらフィールド調査等を踏まえ，城東住民会（以下，住民会）の展開を通して北芝をみる形で述べる。

2 城東住民会の展開
　　——貧民運動に根ざした「地域疎通」のまちづくりへ

貧民運動としてのコミュニティアイデンティティの形成

スラム街の貧困住民の生活改善を模索していた運動が，都市再開発による強制撤去に対抗する運動に展開され，それが今日の住民会の形につながる。そのスタートは，大学生や地域活動家（コミュニティオーガナイザー）が地域に入り，貧困地域の生活を改善しようとしたセツルメントからである。

その拠点として，1987年から「勉強房」というものが地域にでき始めた。「勉強房」の活動は，子どもの教育・学習指導・保護に止まらず，その家族全体の問題に対応しようとしたものであった。実際，母親たちの活動が，「勉強房」を通して「地域活動家協議会」と出会い，地域活動の軸として展開される。こ

写真9-1　山のスラム街が集合住宅団地に

うして，セツルメントの貧民運動は，地域活動家と地域住民との協力や信頼関係のもとに，地域再開発によって追い出される貧困住民の生存権を守る運動へと展開する。

　当時，市は貧困地域のスラム街をマンションの集合住宅地に開発しようとしていたため（写真9-1），再開発は地域の大きなイシューであった。地域から追い出される危機にさらされた住民と地域活動家は，1993年に「借家人対策委員会」を結成し，強制撤去反対闘争を推進した。行政や建設会社等を相手に，居住権確保の闘争を展開した結果，再開発地に建てられる公共賃貸住宅に撤去地域の住民が入居できるようになった。

　こうした運動をきっかけに，地域住民と地域活動家は強い結束力を持つようになり，アイデンティティを共有できる住民会というコミュニティの形成が始まる。運動を主導した「借家人対策委員会」は，地域のリーダーシップを結集させたものとして，住民会の原型となる。

住民生活共同体を実現する「錦湖・杏堂・下往地域企画団」結成

　最初に運動を始めたのは杏堂洞の再開発地域である。元々1000世帯程度が住んでいた地域であったが，運動を続けたのは100世帯程度であった（錦湖洞・下往洞の再開発地域では60余世帯が運動を続け，杏堂洞の100世帯と力を合わせることになる）。地域に残った世帯は，公共賃貸住宅への入居まで，再開発地内に臨時居住空間（仮設住宅）を確保し，4年間（1995〜1998年）共同生活を行った。

1994年，地域活動家協議会は，地域活動の展望のために「10か年計画」をつくったが，住民リーダーとともに計画を発展させながら地域の未来を構想する地域企画団準備委員会を設置した。50余名が参加した準備委員会では，10回程度の勉強会とともに，住民共同体の具体像を模索していった。この活動を通して，住民リーダーと地域活動家は地域企画団（27名）を発足し，地域生活共同体（経済・生産・生活・社会福祉）を目指した活動を始める（1995年）。

その結果，信用協同組合と生産協同組合が設立された（1999年）。信用協同組合の場合，3億ウォンの住民出資でスタートしたが，現在5000名の会員と250億ウォン規模の資本金をもつ住民銀行に成長した。協同組合の設立は，住民自らが生活問題を主体的に解決していく住民自治をつくり出すために，地域企画団が考え出した選択肢であった。

しかし，入居が始まった2000年以後，新たな地域住民が流入してくるなか，生活環境も変わり，地域をまとめるイシューもなくなった。住民組織は解散同様の形となり，地域企画団は地域運動の新たな転換を模索することになる。

地域媒介組織としての「生命・暮らし・自治の城東住民会」

運動の変化を模索していた住民会は，そのヒントを北芝から得た。2007年，北芝を訪問した住民会は，行政を含んだ多様な主体が相互作用しつつ，安心した暮らしづくりを目指して，さまざまな拠点や居場所づくりを行っていることに注目した。それを受けて2008年，信用協同組合や生活協同組合など，地域団体のリーダーが会員になる緩やかなネットワーク会として現在の「城東住民会」（20〜30名）が結成される。

住民会は1年間の学習とともに地域の長期ビジョンづくりを行い，新しい地域住民とも「疎通（つながり）」できる素材として，居住・仕事・環境・高齢者・障害者など，地域生活に関連した11テーマをとりあげた。そして，具体的な推進策として，テーマごとに「サランバン」（≒拠点・居場所の機能）づくりを進めることにした。

生活課題を地域運動の素材とするなかで，政治を意識した区単位（選挙によ

る首長や議員選出)への活動範囲の拡張は必然的な選択となった。住民会は,地域活動の求心的な組織として,住民生活を考えながら,区全体をカバーする活動を図ることになった。現在,住民会が母体となって区単位で進めている「城東協同社会経済推進団委託事業」は,市のモデルとしても注目されている。

こうした住民会の展開は,新たな地域組織化の形態としてみられる。以前は地域を組織化するために事業を企画したとすれば,この段階からは,外部から入った地域活動家が地域の当事者となり,地域での「疎通(つながり)」を重視する地域づくりに変わっている。

地域の当事者となった地域活動家を住民リーダーと区別することも難しくなった。その一人である申晩秀氏は,以前との違いを「地域にどのように働きかけるかではなく,地域のために何ができるかをより考えるようになった」という。特定イシューに対する獲得型の運動から,人々の多様なニーズに沿った生活を考える地域疎通のまちづくり型の運動へ移行したということである。

3　北芝の展開
――部落解放運動に根ざした地域セーフティネット構築へ

部落解放同盟支部の結成と運動体としてのアイデンティティ

「北芝」といわれる地域コミュニティは,地図上に記されてはいない被差別部落としての昔の地名をあえてそのまま名乗っているだけに,部落差別に対する運動を意識している。北芝の運動の展開には,部落解放同盟支部という地域リーダーシップの存在が大きい。

部落解放運動によって,国の同和対策事業(1969~2002年)が始まる。これをきっかけに,北芝の部落解放同盟支部が誕生した(1969年)。行政指導により,同和対策事業の受け皿として結成されたものであったが,地域に起こった部落差別事件を機に,差別と闘う支部へと展開していく。

支部は同和対策を活用しながら,公共住宅・公園・隣保館等,地域生活の環境改善といったハード整備を進めた。同時に「不就学→不就労→無年金といっ

た部落差別による地域の負の連鎖」(丸岡 2015)をなくすために,子育てや教育に関連したさまざまな取り組みとしてソフト整備を進めた。

こうした地域活動とともに,支部は部落解放運動を展開する運動体としてのアイデンティティを明確にしていった。さらに,支部は市内のさまざまな団体とも連携し,あらゆる差別撤廃の中心的役割を担う活動を展開していくことになる。しかし,同和対策事業により,多様な面で生活改善が行われた一方,住民の行政への依存,住民の高齢化,若年層や中間所得層の流出,地域の支え合い関係の弱体化等,新たな地域課題が顕在化した。

地域自立に向けた地元運営:ボトムアップの自主事業の企画・運営へ

地域で同和対策事業を改めるきっかけを提供したのが,1988・89年の小学生・中学生を対象とした市の教育実態調査である。調査を通して,同和対策によるさまざまな教育的取り組みの実施にもかかわらず,以前と変わらない学力や自尊感情の低さが明らかになった。部落差別の負の連鎖が依然として続いていることを認識した支部は,それまでの運動を転換させていくことになる。

同和対策は地域の生活基盤を向上させたものの,地域住民が対策事業を部落ゆえの権利として当たり前のように受け取ってくる中(個人給付や活動補助金,公営住宅での安い家賃設定,公務員優先採用等),被差別部落民としての低い自尊感情につながっていた。行政や同和対策への「甘え・依存」が大きな地域課題だと認識した支部は,行政依存型・要求型から「自己選択・自己責任・自己実現」という地域自立への新たな部落解放運動を模索していくことになる。[5]

1991年,地域自立に向けて,2つの研究会が発足した。一つは,「部落解放福祉政策研究会」である。地域の高齢化を見据え,調査研究等を通して,住民が主体となる福祉サービスを開発していく(「福祉サービスよってんか」,独居老人食事サービス「おふくろの味」等)。とくに,年間10万円の高齢者個人給付を返上し結成した高齢者生きがい支援の「まかさん会」(1997年)は,行政依存から脱皮するという新たな運動の形を象徴的に示すものであった。

もう一つは,「みのおまちづくり研究会」である。市民対話集会を開催し,

第Ⅲ部　福祉とまちづくりの融合

住民参加のワークショップを用いた意思形成を行っていく。そこから，支部は，これまでの活動が住民を動員し，中央や大阪府連からの方針を上意下達的に指示していたことを反省し，地域住民の自主的な参加による新たな活動や運動方式を取り入れることになる。

こうした地域の意思形成に基づいた地域の自主的活動・運動の展開は，1995年の阪神・淡路大震災の復興支援により，住民の自主的な活動参加の拡大をもって，より明確な方向性をもつようになる。

地域媒介組織としての「NPO 法人　暮らしづくりネットワーク北芝」

部落差別の負の連鎖をなくすために，地域の自尊感情を回復させようとした支部は，運動の新たなツールとして「まちづくり」を取り入れた。人と人がつながることで，差別によって閉じていた住民の心が開かれると，自尊感情も回復されるということである。そこで，まちづくりを担う中間支援組織として「NPO 法人　暮らしづくりネットワーク北芝」（以下，NPO 北芝）が設立された（2001年）。

NPO 北芝は，隣保館（らいとぴあ21）やいこいの家の指定管理等も行いつつ，地域の拠点や居場所の確保を通して，地域の「つぶやき拾い」から地域づくりを進めてきた（図9－1）。「おたがいさまファンド」（生活資金貸付の地域基金），「地域みまもり券」（地域高齢者に配布する福祉サービス利用券）など，地域のセーフティネットが構築された。NPO 北芝の地元運営によって，コミュニティの範囲も弾力的に選択され，地域通貨「まーぶ」のような小学校区エリアでの事業，市の生活困窮者自立支援事業等が推進されている。

なお，NPO 北芝は地域での外部人材の受け皿となり，外部人材を取り入れた新たなコミュニティ形成の母体となっている。NPO 北芝の職員の多くは，地域外からの人材である（職員40余名の6～7割）。地域内外を媒介する NPO 北芝の職員として，その媒介の前提となる北芝のコミュニティアイデンティティを理解・共有する必要がある。

その点で，NPO 北芝では，さまざまな事業を通して，外部人材と地元人材

第9章 コミュニティマネジメントによる福祉とまちづくりの融合

図9−1 北芝のまちづくりマップ

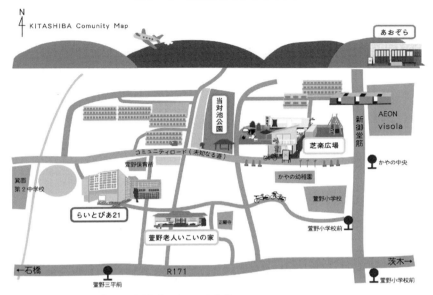

出所：NPO法人　暮らしづくりネットワーク北芝。

が混ざり合い，コミュニティアイデンティティを共有し形成していく多様な場が設けられている(6)。それを通して，北芝の新たな動力となるコミュニティが生成される。こうしたコミュニティの生成は，今の北芝にいたった地元運営による人材養成につながっている。

表9-1　北芝と城東住民会の相対化

相対化の内容＼コミュニティ	北芝 （大阪府箕面市）	城東住民会 （韓国ソウル市城東区）
1 運動の展開 （地域の背景）	被差別部落 国の同和対策：地域インフラ整備 部落差別をなくす運動 （部落解放運動）	貧困地域 市の再開発政策：高層マンション地域に変化 追い出される撤去民の生存権運動（貧民運動）
	→社会的な排除や差別に直面し対抗する地域運動へ	
2 運動の変化 （ミッションに基づく運動展開）	行政依存（要求型・依存型）からまちづくりの展開へ（自尊感情重視）	イシュー型・要求型から生命・暮らし・自治の運動へ（価値重視だけでなく，具体的活動重視）
	→地域が変化するなかで，持続可能な運動の模索・展開	
3 リーダーシップの組織化	部落解放同盟支部 まちづくりNPO まちづくり協議会 合同会社（まちづくり会社）	借り家に住む人々の対策委員会 地域企画団 生命・暮らし・自治の城東住民会
	→地域や運動形態の変化に沿って，新形態の組織を創出	
4 拠点・事業	隣保館の指定管理 地域共済制度 地域基金 居場所づくり	生活協同組合 地域銀行（ノンコル信用協同組合） サランバンづくり 活動団体間のネットワーク コミュニティビジネス
	→地域がつながる空間確保及び地域自治を目指す事業	
5 コミュニティ形成	萱野小学校区を超えて，箕面市全体を視野に入れる事業の展開	3洞を超えて，区全体や市全体を視野に入れる事業の展開
	→コミュニティ範囲の弾力的設定（拡張性・開放性）	

出所：筆者作成。

4　2事例の相対化からみるコミュニティマネジメント

コミュニティマネジメントの展開

　上記に示した2事例の共通した内容を次の5点にまとめ，コミュニティマネジメントの展開として示す（表9-1）。

　第一の共通点は，社会的排除・差別という地域の課題を意識し運動を展開していることである。同和対策事業の受け皿として結成された北芝の部落解放同

盟支部は，地域に起こった部落差別事件を機に，差別と闘う支部となっていく。都市スラム地域の貧困住民が城東住民会の結成に至るには，再開発政策に対して生存権を守ろうとした闘争が大きなきっかけを提供する。

　第二の共通点は，地域課題を解決するために展開した運動が，地域の変化とともに持続可能な運動へと形態を変えていった点である。2事例ともに，行政要求型から，地域での暮らしを支える地域自立的運動へと展開していく。そのツールとして，人々のつながり構築を重視するまちづくり（拠点・居場所づくり等）が活用されている。

　第三の共通点は，地域の変化とともに新たな運動を模索する主体として，地域リーダーシップに注目できることである。北芝では，部落解放同盟支部をはじめ，NPO北芝やまちづくり協議会等，地域リーダーシップを発揮できる組織が重層的に形成されている。城東住民会は地域の変化とともに組織の形を変えながら，地域リーダーシップが集まり地域活動の求心力となる組織を形成してきた。

　第四の共通点は，地域活動の展開では地域のつながりや地域自治を模索する事業が重視されている点である。さまざまな拠点や居場所の確保とともに，地域共済，地域協同組合等，制度を越えて，地域が自ら地域生活を支えるしくみをつくっている。

　第五の共通点は，コミュニティを越えて波及・拡張する地域活動の展開である。北芝の活動は200世帯の地区を越えて，小学校区，箕面市全域にまで広がるなど，個別の活動に応じてコミュニティ範囲を弾力的に設定している。城東住民会も3洞を越えて，区全体を視野に入れた事業や市の事業等，弾力的にコミュニティ範囲を設定しつつ多様な事業を進めている。

コミュニティマネジメントの機能

　福祉とまちづくりを結び付けるコミュニティマネジメントの機能として，2事例の展開から，次の3点に注目することができる。

　第一に，貧困や差別といった地域課題に敏感に対応するコミュニティアイデ

ンティティの形成・継承である。貧民運動や部落解放運動のように，地域自らが課題解決を図ろうとする運動性（主体的アクション性）が，2事例のコミュニティアイデンティティの中核として位置づけられ，地域変化とともに形を変えながらも継続している。その継続には，地域が運動の新たなツール（たとえば，まちづくり）を選択・開発していく地域自治の指向性が著しい。

　第二に，地域の社会的関係を回復・生成する媒介機能である。城東住民会では「地域疎通（つながり）」を，北芝では「人々のつながり」を掲げながら，地域の拠点・居場所づくりを展開している。これらの活動は，地域の多様な主体が出会い相互作用する場の形成を通して，地域生活の課題解決とともに，「疎通」「つながり」といった地域の媒介を展開している。

　第三に，コミュニティ生成による人材養成である。2事例は，運動性（ソーシャルアクション）のコミュニティアイデンティティを軸としながら有機的なコミュニティの範囲を設定している。それは事業によるコミュニティ範囲の弾力的選択だけでなく，外部者のかかわりの確保と地域への共感・愛着を生み出す人材への開発・養成というコミュニティ生成としてみてとれる。

　住民と外部者の集結体から始まった城東住民会では，外部者の多くが地域の当事者となり，現在地域活動のリーダーシップを発揮している。多くの人材が外部人材であるNPO北芝では，彼らのリーダーシップ発揮が地域活動の質を左右する。単なる組織人材を越えて，地域の未来を担うコミュニティの生成・開発が，地域人材確保のプロセスとして行われている。

5　中間組織によるコミュニティマネジメント

　本章が着目するコミュニティマネジメントは，社会的関係の回復・生成という，福祉とまちづくりが指向する共通価値のもとに，地域での暮らしを支えるにあたって，配分（福祉）と開発（まちづくり）を実現していくプロセスとしてみることができる。そのプロセスにおいて，コミュニティマネジメントの主体は誰なのか。配分と開発を結び付ける位置に「中間組織」を設定してみたい。

第9章 コミュニティマネジメントによる福祉とまちづくりの融合

　余語（2005）は，システムの機能不全に着目し，福祉社会の開発として，その機能不全が起こる間隙にそれを補う中間組織を形成させることが一つの焦点になると示す。本章での「中間組織」は，福祉やまちづくりが各システムの限界を越えて，互いが相乗的に作用できるように，その間に立ち両方をつなげる組織として定義づけておく。その点で，北芝のNPOや城東住民会は，地域内外をつなげると同時に福祉とまちづくりをつなげる媒介体として，コミュニティマネジメントを担う中間組織となる。

　なお，コミュニティマネジメントにおいて，中間組織は一つの組織に限定されるものでもなく，いくつかのリーダーシップを発揮する組織が重なり合う形で有機的に離合集散できる。一つの組織が継続的にコミュニティマネジメントを独占するというより，そのプロセスのなかで，生成された新組織や新コミュニティが新たな主体として加わる。コミュニティマネジメントの機能が有機的な中間組織の形成のなかで蓄積され継承されるということである。

　ここで，コミュニティマネジメントと組織マネジメントとの違いが明確になる。一般的に組織マネジメントは組織自体の持続可能性をゴールとするが，中間組織というのは組織の維持がゴールとならない。コミュニティマネジメントによるコミュニティへの貢献に応じて，中間組織自体が転換・消滅・生成されていくこともあり得るということである。

　コミュニティのリーダーシップ（≒主体性の集結体）である中間組織が，社会的関係の回復・生成における「条件整備のプロセス（enabling process）」として，コミュニティマネジメントを担うことが，福祉とまちづくりの融合に欠かせない。常に変化する地域での生活課題に直面して，コミュニティの主体性が発揮できるように，中間組織によるコミュニティマネジメントを確保していくことは大きな課題であろう。

第Ⅲ部　福祉とまちづくりの融合

注
(1) 韓国の「城東住民会」は組織名であるが，本章では北芝コミュニティと対比させるために，「住民会が活動しているコミュニティ」を意味する。
(2) 「コミュニティ」や「マネジメント」という概念が多義にわたって用いられているため，「コミュニティマネジメント」もその定義が明確に定められているわけではない。ただし，コミュニティマネジメントは，概ねコミュニティの共同性に基づいて，コミュニティを対象とするマネジメントとして示される。
(3) 筆者が属するアジア福祉社会開発研究センターでは，北芝の取り組みをまちづくりから福祉へと融合するプロセスとして紹介してきた。詳細は，穂坂・平野・朴・吉村『福祉社会の開発』（ミネルヴァ書房，2013年）の第9章「まちづくりから福祉へ：大阪・北芝地区の試み」を参照してもらいたい。コミュニティマネジメントに関連しては，寺川政司によって詳述されている（第9章の2節）。
(4) 洞とは，行政オフィスが設置されているエリア単位であり，人口は1洞当たり2〜3万である。2016年現在，城東区（基礎自治体，人口約30万人）には17洞がある。
(5) 教育実態調査の結果から，支部は新たな部落解放運動に向けて，「みんな一緒，みんな平等ではなく，やる気のあるものが参加」という発想の転換に踏み出す。それについては「温故知新——北芝支部歴史資料館＆未来絵巻」（2009年）に詳述されている。なお，北芝の丸岡康一氏は，そのようなコミュニティマネジメントを「地元運営」として示す。
(6) NPO北芝での人材養成は，研修や教材によるものとは異なる。場・空間の共有による相互作用によって，職員自ら悟っていくプロセスを支援する。さまざまな場・空間が自己学習の場・空間として活用されている。たとえば，外部からの視察やフィールドワークのような第三者を交えた議論の場がそれに当たる。その場にいるだけで，職員は北芝のコミュニティアイデンティティを学習することになる。そこから職員はコミュニティアイデンティティを共感できる人材となっていくし，さらにはコミュニティを担う地域人材になっていく。
(7) ここでの中間組織は，NPOを支援するNPOという意味での中間支援組織とは異なる。本章では，余語が示すシステムの機能不全の間を補うものとして中間組織を用いる。
(8) ドラッカー（2008：6）は，多元的社会での官僚機構の支配，すなわち専制に代えて，持続可能な組織の務めとしてマネジメントを示し，その貢献内容こそがマネジメントの持ち味という。コミュニティマネジメントは貢献内容を地域（コミュニティ）という具体像をもって明確に示すことで，一般的な組織マネジメントと区分できる。
(9) enabling processについては，朴・具（2013）が「福祉社会の開発」を推進するプロセスとして示している。

第9章 コミュニティマネジメントによる福祉とまちづくりの融合

引用・参考文献

北芝まんだらくらぶ編（2011）『であいがつながる人権のまちづくり　大阪・北芝まんだら物語』明石書店。

申晩秀（2013）「城東地域の住民運動に関するストーリービジョンは続く」日本福祉大学アジア福祉社会開発研究センター『コミュニティマネジメント研究会資料集』。

寺川政司（2013）「チャレンジの機会をつむぎ合わせるまちづくり」穂坂光彦・平野隆之・朴兪美・吉村輝彦編著『福祉社会の開発──場の形成と支援ワーク』ミネルヴァ書房，182-196。

ドラッカー，ピーター／有賀裕子訳（2008）『マネジメント　務め，責任，実践』日経BP社（＝Drucker, Peter（1973）*Management : Tasks, Responsibilities, Practices*, Transaction Publishers.）。

朴兪美・具滋仁（2013）「韓国鎮安郡の村づくりにみる福祉社会開発：行政・住民をつなぐ専門家」穂坂光彦・平野隆之・朴兪美・吉村輝彦編著『福祉社会の開発──場の形成と支援ワーク』ミネルヴァ書房，141-154。

部落解放同盟大阪府連合会北芝支部（2009）「温故知新：北芝支部歴史資料館＆未来絵巻」。

丸岡康一（2015）「であい・つながり・げんきになろう'北芝'──豊かな地域コミュニティを目指して」大阪・北芝地区フィールドワークの配布資料。

余語トシヒロ（2005）「地域社会と開発の諸相──発展途上国における福祉社会形成への考察」日本福祉大学COE推進委員会編『福祉社会開発学の構築』ミネルヴァ書房。

第10章
被災地発の開発福祉の実践
―――「福祉開発マネジャー」のリアリティ

平野隆之・穂坂光彦

　2014年度からスタートした日本福祉大学学び直し大学院プログラムでは，「地域再生のための『福祉開発マネジャー』養成プログラム」のカリキュラム開発を行い，翌2015年度からは大学院の正規プログラムとして開講している。アジア福祉社会開発研究センターは，そのプログラムの開発・運営の拠点センターとしての役割を果たしている。

　「福祉開発マネジャー」養成プログラムのフィールドワークには，地域再生と地域福祉の両輪での支援が求められる中山間地域である高知県（本書第Ⅱ部参照），都市における貧困や差別を福祉とまちづくりを融合させて克服している大阪府箕面市の北芝地区（本書第9章）を設定している。なお，オプションとして被災地を2016年度から追加している。これら3つの地域は，本書のテーマの一つでもある「制度アプローチを越えて」との接近が求められている点で共通性を持つ。中山間地域は「制度が届かない」，貧困と差別が重なる地域では「制度が機能しない」状況があり，そして大規模な被災地域では「制度が崩壊する」という深刻な事態となった。

　「制度が崩壊する」被災地域のなかで，新たな地域支え合いに着目し，地域福祉の拠点づくりとしての「サポートセンター」の提言，生活支援相談員の研修事業の実施，そしてそれらの実績を他地域へと普及する，といった開発福祉とも言いうる一連の取り組みを担った中間支援組織として，NPO法人全国コミュニティライフサポートセンター（CLC）がある[1]。とくに，CLCの理事長を務める池田昌弘は，「福祉開発マネジャー」のリアリティを示す活躍を担っている。そこで本章では，その実践知の解説を試みることを通して，被災地発の開発福祉の実践に接近する。

第Ⅲ部　福祉とまちづくりの融合

1　福祉開発マネジャー養成への挑戦

　日本福祉大学大学院では，2015年度から地域再生のための「福祉開発マネジャー」養成プログラムを開講している(2)(資料10-1)。この学び直しのプログラムにおいて，「福祉開発マネジャー」の用語を正式に打ち出したのである（本書の「はじめに」参照）。同プログラムでは，それを以下のような内容として定義づけている。
　少子高齢化する都心荒廃地，中山間地，そして被災地など「条件不利地域」では，住民の諸関係を回復させ，高齢者や女性の雇用機会を創出し，地域の福祉力を高めることが，地域再生の根幹をなす。住民による工夫と連帯を通じて，

資料10-1　「福祉開発マネジャー」養成プログラムのパンフレット

表10-1 「福祉開発マネジャー」養成のための科目群

科目群	科目名
講義	①福祉社会開発論 ②地域再生・女性の起業論 ③地域福祉マネジメント論
演習	①支援のフィールドワーク ②調査方法論
フィールドワーク	①プログラム開発Ⅰ〈演習〉 ②プログラム開発Ⅱ〈実習〉

これら地域が福祉依存を脱し，成長に貢献し，あらたな市場を生み出す。この課題に挑戦する職能が「福祉開発マネジャー」である。

　このプログラムの人材育成目標は，福祉制度の不全，社会的孤立や格差，生活困窮の集中，地域的周縁化といった地域課題を分析し，実践現場における洞察と関係構築を通じて新しい政策や方法を見出し，グローバルな視野から問題解決を導いて，包摂的な社会形成に貢献できる専門職，およびこうした専門職業人をコーディネートし，支援組織を運営できるマネジャー層としての専門家である。

　同プログラムにおけるカリキュラムとして，課題を正しく理解し解決の糸口を模索することや，視野を広げ福祉を越えて分野横断的に連携していくことが欠かせないことから，フィールドワークや自主研究課題に加え，インターネット利用のオンデマンド科目を開講している（表10-1）。

　講義①「福祉社会開発論」は福祉と開発の統合や地域再生のための福祉開発について多彩なゲストを含めたオムニバス形式での講義。講義③「地域福祉マネジメント論」では実践事例を活用しつつ，地域福祉プログラムやシステムの開発といったメゾ領域，メゾからマクロ領域への政策化のマネジメントを学ぶ。

　また，演習②「調査方法論」では質的研究と量的研究の双方に触れ，質的調査ではフィールドワーク先の大阪府箕面市の北芝地区での具体的な調査データを用い，量的調査研究では対象地域の社会経済的なデータ収集と特性把握，住民の意識構造の把握や分析を，重要な支援ツールとして理解する。こうした科目配置の背景にあるのは，制度ごとに分割し対応せざるをえない限界の認識，

「制度の狭間」やグレーゾーンに属する人への対応の困難さ，そしてこれまで個別支援に焦点を当てる一方で，それを地域の抱える課題と捉えそこに解決力を見ることができなかったという反省，である。

　グローカルな視点だけではなく，他者理解を方法として深め，制度の不全・不在や「制度の狭間」においてどうアプローチしていくのかが大切である。「被支援者」を「被支援者」に置き続ける一方的な支援からの変容が求められる。そこで演習①「支援のフィールドワーク」では「制度の狭間」や「問題の手前」で寄り添う実践的な姿勢を養う手立てとしてのフィールドワークを議論する。また，講義②「地域再生・女性の起業論」では，地域の内発性を経済活性化に結びつける日本に特徴的な地域おこし・地域再生の成功パターンを，多くの事例を通じて学ぶ。地域再生の具体的な事例に続いて，女性の役割や経済的機会について検討し，女性の起業のビジョンや経営理念の創出，資金計画づくりなどの創業シミュレーション演習を通じて，起業方法や経営に至るノウハウを身につける。マネジャー層ということもあり，福祉や開発の手法だけではなく組織の持続的な運営にまで広げた学びを用意し，組織運営力や組織戦略力の向上に重きを置いている。

　この点で，持続的運営に取り組むNPO法人や株式会社，社会福祉協議会等の取り組みを，高知と大阪におけるフィールドワーク①②の事例教材として選択した意図につながる。

2　福祉開発マネジャーのリアリティ
　　——CLCによる被災地支援の展開

「サポートセンター」と「生活支援相談員」の融合

　全国コミュニティライフサポートセンター（以下，CLCと略す）は，2011年3月の東日本大震災直後から，仙台に拠点を置く中間支援組織として被災者支援における多様な役割を果たしてきた。被災直後の時期には，いち早く専門職ボランティア派遣事業を開始し，また福祉施設・福祉避難所の取り組みを支援し，

調査活動も展開してきた。さらに「生活支援相談員」等の研修プログラムの研究開発とともに研修事業に取り組んできた。

　池田昌弘（CLC理事長）は，2011年4月に復興構想会議検討部会の専門委員に任命されたことを契機に，先の実践経験と調査研究活動の結果を踏まえ，避難期，仮設期，復興期を通じて多様な人びとのつながりを継続的に維持し，長期的なまちづくりまで視野に入れて関係形成を支援する拠点として「地域支え合いセンター」を提案した。その背景には，厚生労働省の被災者生活支援対策が，一つに仮設住宅地域における高齢者等のサポート拠点（サポートセンター）の設置（老健局）と，もう一つに生活支援相談員の配置（社会・援護局）の2つに分かれ，担当部局を超える融合した展開がなかなかできていない現実があった。つまり，仮設住宅地のサポートセンター（そこには「専門員」が配置される）と生活支援相談員の活動とをうまく連携させることが，被災者支援実践の焦点となるとの判断が池田にあった。

　担当部局が異なる縦割り支援を融合することは，制度アプローチを越える開発福祉の役割といえるものである。筆者らは，実践レベルでのこうした融合を研究作業を通してバックアップするために，厚生労働省の研究助成事業による研究プロジェクトという場を活用しながら，池田の取り組みと共同歩調を取った。上記のように「サポートセンター」と「生活支援相談員」は制度的背景を異にするが，自治体がこれらの連携を強化することは可能であり，それによってそれぞれの機能が相乗的に高まるとの研究仮説をもとにプロジェクトを進めたのである。

　この場合に，「地域支え合い」の理念からみれば，両者が個別支援と地域支援の両面を展開することが合意されなくてはならない。サポートセンターの機能として国が示したモデルでは，要介護高齢者を対象とする介護サービスが重視されているようにみえる。しかし，そうした個別支援の展開の形として地域支え合いの関係が築かれていくことが，まちづくりにもつながっていく地域社会の再生を導く。たとえば，サポートセンターの専門員が仮設住宅地の自治会が始める「ふれあい農園」活動を支援し，それが個別ニーズ把握の場ともなる，

といった例がある。また逆に，地域で支え合う関係の再構築によって個別支援にも対応していくことが，包摂的で持続的な福祉の再生となるであろう。たとえば，福祉仮設住宅の共有スペースを利用した地域食堂に集う人びと同士が，自然な形で互いの見守りを始めるのが観察された。

自治体—拠点—人材の好循環

研究プロジェクトの枠組みとしては，サポートセンター拠点から生活支援相談員に至る人材の融合を自治体がどのようにマネジメントできるのか，といった関心から，自治体—拠点—人材の3層構造を考えた。それは，①サポートセンターの運営は，それを担う運営主体の性格によって異なるのはもちろんであるが，センターを行政上どのように位置づけるかを定め支援する県や市町村の立場により大きく左右されるからである。そして，②サポートセンターの拠点性として，「個別支援」とともに「地域支援」機能が発揮されることはとりわけ重要と考えられるからである。さらに，③サポートセンターの運営課題と，研修場面で把握された生活支援相談員の支援課題とを結びつけ，そこから見えてくる方向性を人材育成・研修事業に反映させるという構造を持つ。

自治体—拠点—人材の3層構造の各要素が好循環して機能している自治体として，宮城県の女川町や東松島市があった。女川町を例にすると，次のような好循環が見られた。①自治体による明確な判断のもとに，サテライト型のサポートセンターを配置し，②拠点機能のなかでの個別支援として，被災者のケアを「こころ」と「からだ」と「くらし」に分けず一体的に実践しつつ，住民の自主的な活動への協力も地域支援として取り組まれ，③それぞれの支援を担うスタッフとして「ここから専門員」と「くらしの相談員」を配置し，それにあたって事前に専門員の役割や，具体的な事例を通しての行政内での研修を実施していた。さらにこれらが各種福祉計画の策定のなかで好循環をもつように，しくみづくりが補強されていた（平野・小木曽 2015）。

第10章　被災地発の開発福祉の実践

好循環を支える人材養成

　自治体レベルでの好循環を普及するしくみとして，都道府県レベルでの支援組織の形成が必要となる。宮城県でのサポートセンター支援事務所はそのしくみを担う中間支援組織といってよい。われわれは，高知県で「あったかふれあいセンター」を支援する県行政のチームに注目し，いわば「支援センターの支援」の必要性を宮城県に働きかけた。

　宮城県サポートセンター支援事務所が提供するネットワーク型の協議・協働の場のなかで，CLCはサポートセンターおよび生活支援相談員の横断型研修事業を提案した。共通の研修テキスト『東日本大震災・被災者支援のためのサポーターズワークブック』(2011年10月)を開発し，さらに「サポートセンターの生活援助員」「生活支援相談員」「市町村独自の緊急雇用対策による支援員」らの合同研修を全面的に展開した。これは被災した人が支援者となる人材育成の取り組みとみることができる。

　一連の研修は参加者にエンパワメントの機会を提供したとともに，地域での連携づくりに少なからず寄与したと思われる。これら「基礎研修」「ステップアップ研修」などのなかでは，「地域に対する支援」が個別支援と同様に重視されてプログラムに取り込まれた。サポートセンターと生活支援相談員による個別支援・地域支援の両面を視野に入れた連携を実現するための人材養成の方法であった。

　生活支援相談員が受けている相談は，研修時に提出された事例を見る限り，精神疾患やアルコール依存，家庭内暴力(DV)により苦しむ被災者への支援，ゴミや騒音，ペットを巡る近隣トラブルなど，福祉専門職ですら関わりの糸口をつくることの難しいケースが増えていた。こうした状況を踏まえてCLCは，生活支援相談員のスーパービジョンを担えるマネジャー的な人材育成にも着手した。それは同時に，生活支援相談員の困難事例を吸い上げ，行政に対して要望活動を担える人材でもある。「スーパービジョン研修」そのものと同時に，要望活動を受け止める場や行政機関の対応が必要となる。

　開発福祉の重要な機能の一つは，人材育成の促進である。とくに地域のなか

での支え合いを組織できる人材であり，かつその取り組みの中から出されてくる行政施策上の課題を提起し，実現にむけて協議できる場をマネジメントできる人材である。これまでの個別支援ワーカーの人材養成を軽視しているのではないが，制度が機能しない状況のなかで支援の成果を上げるには，制度を越えたアプローチを担うことになる。そのとき，一方で地域のなかからの人材の発掘，他方で施策化を目指したマネジメントを担える人材の養成が必要となる。中間支援組織であるCLCは，その両面での人材育成プログラムを推進したのである。

3　被災地発の開発福祉の普及
　　　──生活支援コーディネーター養成への展開

非制度アプローチへの注目

「地域支え合い」は，制度に規定されずに多様な人びとがつくりだす相互作用の場から生まれるものである。一般的にいえば，制度的な福祉は，安定した基準で対象を選別できる定常的な文脈を前提にしている。あるいは制度そのものによって固定化された状況を対象にしている。しかし現代福祉の主要な課題は，中山間地域のように「制度が届かない」，貧困と差別が重なる地域のように「制度が機能しない」状況から生み出されている。さらに東日本の被災地は制度が激甚的に失われてしまった，いわば「制度が崩壊した」課題を抱えている。多くのことを「制度外問題」として解決しなくてはならないという点で，状況は通底している。

　そこでは，まず地域の多様な人びとが集まり，集まること自体が支えや歓びとなり，互いのニーズを確認し，さまざまな資源や自分の力を発見していくなかで，「生きがいとしての仕事」や非制度型の地域支え合いの福祉メカニズムを生成させることが，地域再生の手がかりとなる。

　被災地に生まれたサポートセンターや被災者支援従事者は，今後の維持コストに腐心せねばならない「負債」ではなく，「資産」である。このような非制

度的解決の模索という文脈で，他地域を「助ける」側に立てるからである。たとえば，サポートセンターという「拠点」と生活支援相談員による「ネットワーク」型サービスとの組み合わせは，本書第Ⅱ部で述べた中山間地の再生のための「集落福祉」の分析に概念的な手掛かりを与えている。

また，今後懸念される復興公営住宅（災害公営住宅）での高齢層・相対的貧困層の極端な集中という課題は，阪神の災害公営住宅はもちろん，全国の同和地域の公営住宅が抱える問題でもある。被災地に生まれてきた工夫やしくみを，非被災地を含む条件不利地域に伝え，そこで試み，展開して，「人びとによる」暮らしづくり・まちづくり経験を蓄積し，それを再び被災地に還流させるような地域間交流が，翻って被災者や支援従事者を勇気づけていくことにもなる。サポートセンターの少なくとも一部は，そうした交流拠点として機能しうるのではなかろうか。

そのときに福祉開発マネジャーに求められるのは，関与した実践における他地域との比較・相対化の視点を持つことである。実際，池田は，被災地に生まれてきた工夫やしくみを，非被災地へ，また条件不利地域へと普及させる地域間交流を実践したのである。その成果を以下の生活支援コーディネーター養成プログラムへの波及にみておきたい。

生活支援コーディネーター養成プログラムへの展開

先の被災地支援で強調された「地域支え合い」，それを推進する「地域支援」の考え方は，2015年度改正の介護保険制度，とくに生活支援サービス体制整備の取り組みのなかで，強調された。そして，それを担う人材として「生活支援コーディネーター」が配置されることになった。(6) CLCは，被災地における生活支援相談員研修の成果をもとに，この生活支援コーディネーター養成の教材作成にいち早く取り組んだ。高橋誠一他編著『生活支援コーディネーター養成テキスト』(2016年) として編まれている。同書の最大の成果は，図10－1に示す「地域づくりの木」を生活支援コーディネーターや行政担当者に提供したことにあるとみられる。その解説を担当した高橋誠一の文章を借りながら整理す

第Ⅲ部 福祉とまちづくりの融合

図10-1 地域づくりの木

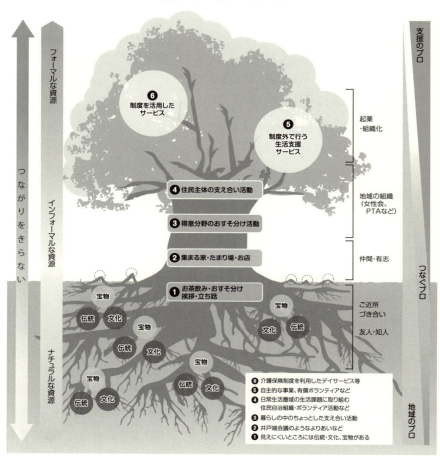

出所：髙橋誠一・大坂純・志水田鶴子・藤井博志・平野隆之編著（2016）『生活支援コーディネーター養成テキスト』全国コミュニティライフサポートセンター（CLC）。

ると，次のようになる。

　この図は，福祉の地域づくりを一本の木にたとえてみたものである。この木の中には，今回の介護保険改正に深くかかわる地域包括ケアシステムの構成要素である生活支援・介護予防が描かれている。この木は，市町村によってそれぞれ異なるが，地域包括ケアシステムで考えられているよりも，かなり広い地域の社会資源を表している。木の幹は，地域の支え合い活動などインフォーマルな社会資源，その上にあるのが制度外および制度のフォーマルな社会資源である。

　これらの社会資源は，外からは見えにくい近所づきあいや仲間同士の付き合いなど自然発生的なナチュラルな社会資源により，しっかりと支えられている。ここではあえてナチュラルな社会資源という言葉が用いられているが，それらはこれまではインフォーマルな社会資源の一部と考えられていたものである。意識しない自然な資源でありながら，このナチュラルな資源こそが，地域で自分らしく最期まで暮らし続けるための暮らしの基盤になるとされている。

　ナチュラルな社会資源に相当する根には，伝統・文化が根付いており，地域に備わっている地域のつながりの一番自然な部分である。言いかえれば，地域で暮らしている人たちが，今，すでに実際にどのように地域づくりをしているかを表した部分といえる。こうした地域の社会資源には地域の人が気づいていないことも多く，生活支援コーディネーターは，その発見や再発明を支えることになる。住民の立場から今回の介護保険改正を活かしていくためには，行政の施策から始まるのではなく，住民の暮らしを支えているナチュラルな社会資源の発見から積み上げていくボトムアップの取り組みが欠かせない。

　そのためには，「支援のプロ」が「地域に学ぶ」というアプローチが必要となる。地域の人にとって，支え合って生きることが普通なので，それは近所づきあいの一つでしかない。しかしそれこそが住民が営んでいる地域づくりの根にあるものだ。住民が生きている「地域」と，福祉という名前のもとで見る「地域」とは異なり，福祉を学ぶ前に，地域に学ぶ，地域から学ぶということが大切である。その意味では，地域で暮らす人は，地域を知り尽くした，いわば「地

域のプロ」とみなす必要がある。以上のような認識に，この生活支援コーディネーター養成テキストはたどり着いているのである。

　こうしたナチュラルな社会資源への注目は，被災地での「地域支え合い」の支援のなかで生まれてきたものである。とくにCLCが宮城県から福島県下へと支援を拡大していく過程のなかで，奥会津地域のナチュラルな社会資源との出会いが大きかった。その成果は，『奥会津の知見を活かす東日本大震災被災地復興における「地域支え合い」実践ガイドブック』（2016年）に，昭和村や南会津町などにみる支え合いの記録としてまとめられている。

　開発福祉の原点は，文字通り地域の支え合いのリアリティの発見にあり，そのことが制度アプローチによって壊されないように点検しなくてはならない。池田（2016）は図10－1の意味として，「フォーマル」が大きくなりすぎたり，「ナチュラル」が細ると，樹木は倒れてしまうと述べている。基盤となる根っこの密度を高めて，幹や枝葉は適切な大きさで育てることをイメージしたものであるという。

生活支援コーディネーターが担う開発福祉

　CLCという中間支援組織のもとで，池田がどのように「福祉開発マネジャー」のリアリティを示してきたかを考えてきた。これを踏まえて最後に，新たに導入された生活支援コーディネーターが担う開発福祉について触れておきたい。

　第一に，CLCの生活支援コーディネーターの養成テキストでは，地域づくりとサービスづくりの違いに注目している。宮城県での研修事業の成果を受け，新たな概念（「ナチュラルな資源」や「地域のプロ」「地域に学ぶ」）によって，生活支援コーディネーターによる地域支援の方法が進化している。生活支援コーディネーターは，制度によるサービスづくりを目指すのではなく，地域に学びながら，地域づくりを目指す役割をもつのである。生活支援サービスそのものよりも，生活支援サービスの「体制整備」を生み出すことが本来の仕事である。この体制整備という用語が，地域づくりを含んだものと理解される。開発福祉は，こうした体制整備を担う福祉とみることができる。

第二に，そのためには地域に展開する専門職と「地域のプロ」との協働を目指すことが必要となる。CLCが担う生活支援コーディネーター研修事業においては，合同研修方式による手応えが感じられる。住民の「助け合い活動」と専門職との協働および自治体職員との協働等を，実際の研修のなかで体験することが視野に入れられているのである。地域のなかで開発福祉が成立するには，こうした体験を経た，しかも横断的な人材の協働が求められている。

第三には，生活支援コーディネーターは，地域のなかで取り組まれている実践を読み解くなかで，新たな生活支援のあり方を模索する実験的なプログラムづくりを目指す必要がある。開発福祉は，こうした実験的なプロセスを必要としているのである。そして，地域ごとに異なる実験が取り組まれることの意義を踏まえ，中間支援的に地域間交流の場を確保し，地域間での相互作用が生じるような環境を作ることも重要である。この地域間交流の場づくりは，開発福祉に不可欠な方法といえる。

注

(1) 全国コミュニティライフサポートセンター（CLC）は，1990年代の宅老所の運動を支援する団体として1999年に組織され，2001年に特定非営利活動法人として設立された。「住み慣れた地域で，その人らしく」を活動理念とする地域生活支援・地域福祉分野の中間支援組織である。宅老所実践の学びから，小規模で多機能なケアを実践することが日本型コミュニティケアの実践であると確信し，それを原点に認知症ケアから地域共生ケアや地域生活支援，さらに校区福祉や集落福祉（中山間地）などへの拡がりをもつ中間支援を展開してきた（発展性）。その方法としては，セミナー活動や調査研究活動，出版活動を通して，新たなケアのあり方を提起し，先駆的な実践の普及を図りつつ，国や都道府県に対して制度化を求めるという取り組みにおいて独創性をもつ（第13回日本地域福祉学会地域福祉優秀実践賞の講評から）。

(2) 文部科学省からの「高度人材養成のための社会人学び直し大学院プログラム」に関する3年間（2014～2016年度）の委託事業である。委託事業後も継続予定である。

(3) 全国コミュニティライフサポートセンター『震災における要援護者支援のあり方に関する調査研究』（平成23年度厚生労働省老人保健健康増進等事業）において，「地域支え合いセンター構想」を提起した。

(4) 過去の被災者支援の経験から，東日本大震災の被災地では，仮設住宅や民間借上げ住

宅（みなし仮設），自宅という住まいの形態別ではなく，その地域で暮らす住民が主体となって支え合い，そこに専門職が寄り添うようなあり方を実現するセンター構想を提案した。過去の被災者支援について，以下の整理を行った。①阪神・淡路大震災後の仮設住宅に整備された集会所は「ふれあいセンター」と呼ばれ，ここではボランティアや民生委員と仮設住宅に暮らす住民が主体となって，抽選で当たった人たちが各地からバラバラと入居してきて，閉じこもったり孤立したりしないよう，「つながる」ための支援がなされた。②中越地震の際に誕生した「サポートセンター」は，専門職が中心となって，仮設住宅に暮らす住民の相談にのり，日常生活の支援が行われた。③阪神・淡路大震災から年月を経た現在，復興公営住宅（災害公営住宅）では高齢化が進み，改めて生活援助員（LSA）の必要性が高まっている。

(5) 全国コミュニティライフサポートセンター『「震災被災地における要援護者への個別・地域支援の実践的研究」報告書』（平成24年度厚生労働省老人保健事業推進費等補助金老人保健健康増進等事業）として，まとめられている。平野が委員長を，穂坂が副委員長を務めた。

(6) 生活支援コーディネーターのコーディネート機能は，国のガイドラインでは次の6つで説明されている。①地域のニーズと資源の状況の見える化と問題提起，②地縁組織等多様な主体への協力依頼等の働きかけ，③関係者のネットワーク化，④目指す地域の姿・方針の共有，意識の統一，⑤生活支援の担い手の養成やサービスの開発（担い手を養成し，組織化し，担い手を支援活動につなげる），⑥ニーズとサービスのマッチング。

引用・参考文献

池田昌弘（2016）「支え合いの地域づくり——池田昌弘が各地を訪ねて考えたこと」『Juntos』Vol.88，全国コミュニティライフサポートセンター（CLC）。

高橋誠一・大坂純・志水田鶴子・藤井博志・平野隆之編著（2016）『生活支援コーディネーター養成テキスト』全国コミュニティライフサポートセンター（CLC）。

平野隆之・小木曽早苗・児玉善郎・穂坂光彦・池田昌弘（2014）「東日本大震災被災地における被災者支援の課題と今後の展開——自立支援を目指す地域支援の視点から」『日本福祉大学社会福祉論集』130。

平野隆之・小木曽早苗（2015）「東日本大震災被災地におけるサポートセンターによる支援とその条件整備」日本地域福祉学会東日本大震災復興支援・研究委員会編『東日本大震災と地域福祉』中央法規出版。

穂坂光彦・平野隆之・朴兪美・吉村輝彦編著（2013）『福祉社会の開発——場の形成と支援ワーク』ミネルヴァ書房。

第 IV 部

共生空間の創造
——当事者性を地域へと開く開発福祉——

制度と地域

　第Ⅳ部では，制度的福祉の「対象」と考えられる人びとが地域生活の参加主体となり，社会的に包摂されていく可能性を，開発福祉の観点から考察する。制度的アプローチは，個人的属性を基準に対象を定め（障害者，高齢者，貧困世帯，等々），制度に則った福祉サービスを提供する。しかし制度を前提にした「当事者」性は，当事者をその枠組みに封じ込め，施策の対象として客体化し，制度の下に分断してしまう。主体性を重んじるための「障害当事者」という表現が，制度的に規定される「障害者」という単一アイデンティティに帰してしまうという逆説が生ずる。

　これを乗り越える手がかりは，「地域」で全的なアイデンティティを回復し，認め合い，そこから制度を再点検することである。地域では「誰もが生活当事者」（日置真世）として互いの関係を結ぶことが，潜在的には，できる。制度を越え出る自由な関係の中で，当事者が場と役割を見出して，地域を変える主体となる。制度は定義上，必然的に「制度外」問題を発生させるともいえるが，地域の中の「ともに生きる関係が形成される場」が，そうした問題の構造を転換させ，新しいアイデアを生み出し，差別や偏見を乗り越える制度再編成に結びつくこともある。

地域共生への挑戦

　第11章の「ぎょうれつ本舗」は，中山間地域の人びとへの買物支援を障害者のしごと開発に結びつけた。障害者が役割を得て地域経済に参加する場を，地域社会を変えながら創り出し，その場が逆に障害者を変えていく。地域の人の眼は「障害問題」だけを見るのではなく，ふつうの（つまり全的な）生活の中での商取引や配慮や会話を交わす関係形成へと変わる。そのように当事者と地域の人々が経済的にも社会的にも出会いつながる場を提供する，という意味での，これは「開発福祉」である。

　第12章で取り上げる西宮市の「青葉園」は，機能としては伝統的な「施設」ではない。「重症心身障害者が自宅から出て地域社会と関わるための最初の共生空間」であるという。つまり中間的社会空間なのだ。そして障害当事者と，その地域生活への意志に共感的に関わる専門職と，地域住民の三者が「物語」を紡ぎ出し，相互エンパワメントを通じて，市レベルの共生空間の形成へと向かう。一方的な制度サービス提供ではもちろんなく，たんに福祉資源の開発でもない。地域福祉の開発的実践である。

　第13章は，ニカラグアで青年海外協力隊員として活動する作業療法士が地域に飛び込んで，障害児，そ

の母親，地域社会，専門職らの関係構築から始めた記録である。日本で慣れ親しんだ制度（医師の処方の下に行われる機能訓練，日常生活動作訓練，環境調整といった働き方を定める法的・職能的な役割分担や関係性）が存在しない環境で，施設内の医学的療法でなく，地域で「作業」を共有する。そのことで，障害児を含めて相互に理解し見守りあう地域社会をつくる方向を見出したのである。その視点は，災害・原発事故により日常的な制度環境が失われた福島の仮設住宅地でも有効であった。

なお「障害」を医学的個人的属性でなく，社会参加を妨げる制度的・社会的・環境的なバリアととらえる見方を「障害の社会モデル」と呼ぶ。社会モデルに基づいて「差別や偏見としての障害」について，非障害者と障害者が学びあう場が「障害平等研修（DET）」である。日本で比較的最近始まったDETと，その結果として生じた地域の関係変化の例を，第13章のコラムが描いている。

地域共生の政策化

さて「開発福祉」には，実践者による社会的運動が新しい福祉メカニズムのモデルをつくりあげ，それが政策化・制度化を促進する，という側面もある。第14章では，共生型ケアを含む宅老所の広がりが，県レベルの政策化として定着していくプロセスを分析している。対象別の制度福祉を管理してきた国が，その枠を越える共生型・多機能型の福祉の政策化には困難を抱える一方，富山県を先頭に，長野県，熊本県，高知県など自治体が，それぞれ様々な形態で共生型ケア拠点の支援策を展開してきた。これらを受けて2009年以降は国による事業化の試みもあるが，政策化にあたって開発福祉の視点から留意すべきことを，この章は指摘している。先駆的な開発実践の終着点は統一的なサービスの制度化ではないはずである。共生型ケア拠点がもつ多機能性を，固定的・義務的なものとして規定せず，地域に固有な多機能化のプロセスを促進し支援する制度が求められるのである。

（穂坂光彦）

第11章
「しごと開発」からの地域づくり
――高島市「ぎょうれつ本舗」

田村きよ美・井岡仁志・朴愈美

　移動商店街「ぎょうれつ本舗」は，買い物が困難な山間部や過疎集落で，それぞれ異なる商品を品揃えして出向く車が複数台集まり，行列を組んで移動販売する事業である。この移動販売の主たる担い手は，就労支援事業所の「利用者」つまり障害当事者である。事業主体の社会福祉法人「虹の会」のミッションには，「障がいのある方の支援を通して，世の中に必要な人や物を育み，人とのつながりを広げ，活力ある地域を築く」とある。ここで「活力ある地域を築く」ことが，ひるがえって障害者，そして彼らを包む地域の人びととの生きる力を支え，機会を豊かにすることにつながっている。「開発福祉」の重要な側面がみてとれる。

　「しごと」の場を積極的に地域の中につくりだし，障害者と非障害者，青年と高齢者とが共生する交流の場を設定することで，独特の商取引空間が生まれる。そこで重視される価値は，効率的な市場原理だけで判断しえないものである。この空間では，障害者が障害当事者といった制度的属性によって対象化されることから少し脱して，地域の障害観を変え，地域生活を支援する主体として，他と関わる。それゆえに，社会的存在として成長できる。

　むろん開発福祉を持続させるには，マネジメントの観点が欠かせない。しかしそれは，すべて個別事業のレベルで独立採算で「自立」すべきだということでは，必ずしもない。「ぎょうれつ本舗」にみられるのは，法人レベルでの組織マネジメント，さらにコミュニティや自治体レベルで活動を連携させ，支えていく地域マネジメントの経験である。

　本章では，第1節で事業主体である法人からみた「ぎょうれつ本舗」の展開と組織マネジメントの課題を事業開始以来の担当者が述べ，第2節では「ぎょうれつ本舗」を地域福祉実践ととらえてその地域マネジメントを支えた社協の観点を明らかにし，最後に開発福祉としての意義について研究者の立場から議論する。

1 移動商店街「ぎょうれつ本舗」
   ——障害のある人たちの働きを通した地域支援

「ぎょうれつ本舗」の展開

　社会福祉法人「虹の会」は，滋賀県高島市内に障害のある人たちが働く就労支援事業所を3か所（「アイリス」「ドリーム・あんです」「大地」）運営している。そのうちの一つ「ドリーム・あんです」では，国が示す「工賃倍増5か年計画」に基づき，2007年から利用者つまり障害当事者の工賃を上げるための取り組みを始めた。パン・菓子の製造販売において安心・安全な商品を追求し，利用者は働くパートナーであるととらえ，職員と利用者が一体となり，売り上げ目標達成を目指した。

　新たな販路拡大を考えるに際し，滋賀県から派遣された事業アドバイザーの指導の下に，県内の他の就労支援事業所とともに移動販売の勉強会を開くことになった。その結果，障害がある人もない人も共に地域の中で当たり前に働き，普通に暮らせる社会を目指すことを目的に，移動販売事業のアイデアが浮かび上がった。

　販売先である地域に目を向けると，過疎高齢化が進み，買い物困難者の増加やコミュニティの場が減少していることが明らかだった。一方で障害のある人たちの働く場が少ないことや障害理解が進まないという現状もある。双方の課題を，障害のある人たちの働きを通して解決していけるのではないか，という考えに至ったわけである。それが，かつて賑わっていた商店街が移動してやってくる，という新しいスタイルの移動販売であった。「ぎょうれつ本舗」というネーミング，ペンギンが描かれたロゴマークも，ここで誕生した。移動販売を始める前にスタッフとなる職員・利用者の研修会を開催し，みなで接客を学び，2011年9月から高島市と大津市で月1回ずつの「ぎょうれつ本舗」を開始した。[1]

　当初は，県内の就労支援事業所や民間の団体等が複数集まり（パン屋，花屋，

八百屋, せんべい屋, リフォーム店, ドラッグストア等）取り組んでいた。多い場合は，10か所の事業所や団体が参加し，6～7台の車で行列を組んで地域に出かけた。しかし思った以上に収益がないということから，現在は当法人の3事業所が，高島市内で訪問先を4コースに分け，二十数か所の地域を2週間に1度のペースで出かけて行く。また，2015年から，高島市社会福祉協議会のデイサービスセンター（4か所）を利用している高齢者を対象に月1回ずつ出向き販売している。自分の財布からお金を出し買いたい物を目で見て選ぶ楽しみと，周りの人とおしゃべりしながら賑やかに買い物できる場が「ぎょうれつ本舗」なのだ。

「ぎょうれつ本舗」の品ぞろえは，手作りのパン・焼き菓子・ケーキ・惣菜・ちらし寿司・野菜・園芸用土・花苗等の自主製品と，地元で人気の果物・卵・豆腐・こんにゃく等の食材，乾物・日用雑貨・駄菓子等の仕入れ商品とからなる。当初「ドリーム・あんです」では，自分たちの就労支援事業所でつくったパンやお菓子を移動販売していたが，地域住民の要請を受けて品物の数を増やすことになった。移動販売の軽トラックに品をそろえるには限界があるため，地域住民が希望する商品を次回に届けることも行っている。なお，商品を積んで地域を走る「ぎょうれつ本舗」は，売るだけでなく，山菜や野菜等をお客さんから仕入れてくることもあり，庭先集荷のように，集荷所までいくことが難しい地域農家を支援している。

障害者が変わる，地域が変わる

事業を始めた頃には地域の中に差別や偏見があった。実際に「障害のある子が作ったパンやな……」と買い物を敬遠されたこともあり，予想はしていたもののショックではあった。しかし，継続する中で地域の皆さんから信頼を得ることができ，ありのままの姿を受け入れてもらい，今では商品を売る側・買う側という関係だけではない。会話が弾みその場の賑わいから，地域にコミュニケーションの場をお届けしている役割があることも確信している。「ぎょうれつ本舗」では，福祉サービスを受ける側だった障害のある人たちが，高齢者へ

第11章 「しごと開発」からの地域づくり

写真11-1　ある日の風景

サービスを提供する側に代わるのである。その結果，自分たちを待ってくれている人がいることを知り，人の役に立つことの嬉しさを感じ，働くことを通して多くのことを習得し，地域の中で活躍の場が広がっている。

　販売出発前にはミーティングを行い，みんなで元気に声を出し挨拶の練習をする。「おはようございます」「ありがとうございました」「申し訳ございません」など。そして地域のお役にたてる「ぎょうれつ本舗」を目指し，お客様と仲良くなること，笑顔で挨拶することを，目標としてあらためて確認する。さあ，出発。車両2～3台，スタッフ4～8名が"ぎょうれつ"をなして出かけて行き，集落の集会所や空き地に車を並べ，移動商店街が開店する（写真11-1）。懐かしの童謡を組み合わせたオリジナル曲がスピーカーから流れ，「毎度お馴染み，ぎょうれつ本舗でございます……」とスタッフ（利用者）がマイクで呼びかける。すると客が一人，二人と集まる。雨や雪の日には傘を差して玄関先まで客を迎えに行き，荷物が多い時には自宅へ届けることもある。馴染みの客が来ない時は自宅へ様子を伺いに行くこともある。ある時，スタッフが迎えに行き，家の玄関を開け，昼寝をしていたおばあさんに声をかけたことがあった。「昼寝していたのに○○さんに起こされたから，しょうがなく来たわ」と嬉しそうに買い物に来たのであった。障害のある人ならではの働きが，ここにはあると感じた。

　初めの頃は，移動販売に出ても恥ずかしくて人前で大きな声を出すことができなかったMさん。何年も同じことを繰り返すうちに，挨拶ができるように

なり，責任を担って，のぼりを立てることができるようになった。また，惣菜づくりや接客を担当していたＹさんは，人前で話すことが苦手だったが，少しずつ仕事に自信が持てるようになり，「いつかお店で働きたい」という夢を持つようになった。笑顔の素敵なＴさんは，ゆっくりと間違えないように客に見守られながら，計算機でおつりを計算をする担当だった。「ぎょうれつ本舗」で経験したことを活かし，Ｙさん，Ｔさんは，現在カフェのスタッフとして働いている[(2)]。失敗することや客からの苦情に涙を流すこともあったが，与えられたポジションで責任ある働きができるようになってきた。

持続可能性と組織・地域のマネジメント

「ぎょうれつ本舗」は，障害のある人たちが地域でやりがいを持って働くことができ，どの人にも役割と活躍の場がある魅力的な取り組みである。また，その働きを通して地域の中に障害理解が広まってきており，地域になくてはならない事業となっている。しかし，収益が上がらないため工賃アップにつながらない。そのうえ，販売車を運転する職員と搭乗する利用者とが１対１対応となる。就労継続（Ｂ型）支援事業所では利用者7.5名に対し職員１名が標準配置であるから，事業所に残る職員体制に無理が生じる。内部の職員間の合意を得ることが難しくなるのは避けがたい。

今後は事業所の就労支援という視点だけではなく，５年間の「ぎょうれつ本舗」で得たつながりや実績を地域の中で活かせるよう，法人としての位置づけを明確にする必要があるだろう。その上で，地域で共に生きる人たちがお互いに支え合う双方向の関係性の中で地域づくりの一端を担うことを職員間で共有し，今後も事業を継続していきたい。

実は，中山間地である高島市では，昔からあちこちで移動販売車が走っている。「ぎょうれつ本舗」は，それらの販売車と同じ日に重ならないようにスケジュールを組んでいるのだが，最近ではＪＡが移動販売事業に参入し，販売先ですれ違うこともある。客に混乱を生じかねない。商品力では圧倒的に優位なＪＡだが，「ぎょうれつ本舗」の強みは，「売る」ことだけが目的ではなく，お

しゃべりしながらゆっくりと楽しく買い物していただけることにある。これを活かし，差別化していけるのではないか。

また，市内の買い物困難者の状況と移動販売業者の現状を把握し，高島市全体で移動販売を考えていくしくみが高島市に必要ではないだろうか。市役所担当課や社会福祉協議会を中心に，地域の中で役割分担や定期的な情報交換の場があれば，地域の皆さんにとって便利でもっと喜んでいただける移動販売になるのではないかと考えるのである。

2 「ぎょうれつ本舗」の活動にみる地域福祉実践と社会福祉協議会の役割

「ぎょうれつ本舗」への社会福祉協議会の関わり

「ぎょうれつ本舗」という，障害福祉の現場からイメージしにくいネーミングの事業を始めると，「虹の会」の担当者から取組み内容を聞いた時のことは今でも忘れない。見せられたパンフレットのイラストには，隊列を組む軽トラックの周囲を子どもが笑顔で走り回り，老人車を押したお年寄りがいて，若者らしき人が楽しそうに車から荷を下ろして働いている。カバンを肩から下げたペンギンのロゴマークまでもが「ポップでかわいい」のである（資料11-1）。

まさに障害者も，高齢者も，子どもも，みんなが普通に暮らす「絵に描いた」世界を実現させようと，走り出すのだなという決意が伝わった。そして，制度の枠にはまった事業ではない，障害福祉の地域社会への視える化を図ろうという意気込みが感じられた。これこそが社会福祉協議会（以下，社協）が目指す社会の姿とも合致する。我々にできることがあれば手伝おうと，その思いの実現に並走することを決めたのである。

そこで，地域のネットワークを持つ社協のコミュニティワーカーが，「ぎょうれつ本舗」の移動販売に協力してくれそうな，市内山間部の買い物に不便を感じている住民のいる地区に当たりをつけ，自治会長や民生委員に説明を行い，了解を取り付ける役目を担った。最近では，社協が運営する高齢者介護施設に

資料11-1　ぎょうれつ本舗のイメージ図

出所：社会福祉法人「虹の会」。

も「ぎょうれつ本舗」に立ち寄っていただき，高齢者が買い物を楽しんでいる。

社会福祉法人「虹の会」による地域福祉実践

　そもそも，このようなユニークな事業を展開できる「虹の会」とはどのような組織背景を持っているのか。滋賀県高島市にある社会福祉法人「虹の会」は，知的障害者の家族を中心に共同作業所を始めたところが出発点であり，知的障害の子どもたちの自立を目指した仕事づくりがそのルーツである。市内に複数の就労支援事業所や市から基幹型の障害者相談支援センターを受託し，高島市の障害福祉の中核を担う法人の一つである。

　以前から就労支援事業でパンや焼き菓子の製造を行い，障害のある人が地域に出向いて販売し，シフォンケーキをヒット商品化したり，ボランティアと連携して障害者アートにいち早く取り組み，市内の飲食店に作品を飾ってもらっ

第11章 「しごと開発」からの地域づくり

たりと，障害のある人の存在を地域に発信し，役割をつくっていくうまさがあった。

また，2013（平成25）年9月の台風18号の災害では，高島市でも多くの家屋被害があったのだが，その時社協が運営する災害ボランティアセンターに，「うちの利用者は，掃除が得意な人が多い。きっと役に立つ」と連絡をくれ，いち早く被災者支援活動に参加をしてもらった。「災害時要援護者」という対象化した障害者のイメージに対して，その特性を活かして「支援者になれる」という発想を持てることに，感銘を受けた覚えがある。

このような法人の姿勢から，以前より，社協が進める小中学校等での福祉学習や，日常生活自立支援事業での相談支援活動における連携，高島市地域福祉推進計画の策定会議への参加など様々な場面で連携を図り，障害福祉の立場から意見をいただく機会をつくってきた。地域の障害者理解がまだまだ進んでいない現状において，「ぎょうれつ本舗」のように地域に出向いて，住民とつながっていく開発的な実践が，真の障害理解につながり，研修会の何万倍もの波及効果を持つことは間違いないであろう。

高島市には以前より社会福祉法人の連携を促進する「高島市福祉施設協議会」があり，社協がその事務局を担っている。設立当時は年に数回の研修や懇親会を開催するのみであったが，2016年4月に社会福祉法改正に伴い，規定された社会福祉法人の「地域における公益的な取組」を実施する責務への対応が求められるようになった。

そこで，各法人の施設長に呼びかけ，福祉施設協議会のプロジェクト会議として「地域貢献検討委員会」を設置し，各法人の公益的取り組みの総合化を図る試みを進めている。プロジェクト会議では，一法人だけでは地域のニーズに即した効果的な取り組みが困難であるという意見もあり，各法人の強みを活かした連携と，地域をつないでいく役割が社協に求められていると実感している。

高島市は人口5万人，高齢化率約32％と，人口減少・少子高齢化が急速に進行している。また同時に生活困窮，社会的孤立の問題が顕在化しつつあり，これらの問題への対応が急務である。現在は国の政策における地方創生，地域包

括ケア，生活困窮者自立支援事業が，各市町村自治体において縦割りで施策化されている。これらを総合化・包括化して地域づくりを進めていかなければ，人口減少により疲弊する地域において，地域づくりが絵に描いた餅になると思われる。

　今般の社会福祉法人に課せられた公益的取り組みの責務においても，住民主体の地域づくりと連携した，公益的取り組みとは何かを明確にしつつ，地域と社会福祉法人，そして困難を抱えた人が一つにつながる社会を創造していきたい。「ぎょうれつ本舗」は，まさにその先鞭となる実践である。

地域支援を支える社会福祉協議会の「中間支援」基盤

　社協は組織名が表すとおり「協議体」としての役割が重要である。組織の使命である「地域福祉の推進」そのものが，住民，社会福祉法人，ボランティア，行政等，あらゆる主体の連携，協働により推進されるものであり，その協議の場をつくることが，社協の原初的特性であるといえる。

　高島市社協は，地域で発見された生活・福祉課題の解決策を検討する上で，住民，専門職，行政等の参加による話し合いの場を用意し，課題の共有を図りながら，参加者自らが解決の主体となって，資源開発していく「ネットワーク型開発」のプロセスを大切にしている。こうした地域でのつながりを構築していくために，社協は協議を含む多様な場を用いながら，それぞれをつなぐ中間支援を行っているといえよう。

　まず，話し合いの場は，参加者の相互作用の中で課題を知り，思いに共感し，学び合っていく創発的な場として機能させなければならない。社協はその事務局として，参加者のネットワークと協働が産み出されていくよう，マネジメントしていくことが役割である。話し合いの場の集大成するものとしては，地域福祉活動（推進）計画の策定がある。計画に基づく実践が，話し合いの場を活かし，さらに継続的に発展させていくサイクルをつくる方法である。

　住民や専門職の間に入り，つながりをつくり協働を進めるコミュニティワーカーの役割についても述べておきたい。専門職から「地域に入れていない」，「地

域の実情がわからない」という悩みを聞くことがある。個別ケースに関わっていても，困難を抱えた人の生活基盤となる地域と関われていない，あるいは地域から切り離して支援をしている場合などである。コミュニティワーカーは，そこのつなぎ直しを住民や個別支援ワーカーと協働し，時には排除や摩擦に抗い，また，情ある人の助けに勇気づけられながら，福祉コミュニティを形成していくのである。

　高島市社協では，合併前の6地域の担当制により，自治会を基盤とした，住民による見守りネットワーク活動を推進しているが，専門機関の職員が見守り会議に参加し，住民と専門職による地域ケアネットワークをつくることを進めている。住民活動の支援とともに専門職の側も支援していくことが，今後ますます求められていくであろう。

3　地域的展開を求める開発福祉の持続可能性

地域での「役割づくり」としての「しごとづくり」

　就労支援事業所で働く障害者の工賃を上げる取り組みとして始まった「ぎょうれつ本舗」は，2016年現在，6年目に入っている。最初のねらいであった工賃引き上げは思った通りに進まなかった。にもかかわらず，なぜそれを開始した社会福祉法人「虹の会」は「ぎょうれつ本舗」を継続しているのか。本節ではそこに光を当てる。

　当初，同法人が「地域」に注目したのは，障害者がつくったパンなどを売るための市場開拓としてであった。中山間地域での買い物困難という地域課題への注目は，市場開拓に取り組む際のマーケティングの結果でもある。それを始めると，工賃引き上げという最初のねらいを置き換える新たなねらいが発見された。

　その発見とは，地域に出向いて行く障害者の変化と，そこで出会った地域住民の変化である。移動販売という地域課題に取り組むことで，地域住民から歓迎される地域での役割を障害者が確保できた。実質的な生活の場である地域に

おいて，地域住民と障害者がそれぞれの役割（買い物客・販売者）をもって出会う。互いに関係しあう役割をもって出会うことで，相互作用が促される。障害者はそこから地域とつながる喜びや，人の役に立つという自尊感情を向上させていく。地域住民は差別や偏見を自ら乗り越えていく。

そこで，法人は「地域」を社会的関係性を築く場として注目し始める。ともに生きる「共生空間」としての地域を，障害当事者のしごとづくりから開発していくことになる。障害当事者の社会的な役割が移動販売という形で，つまり地域の生活ニーズと合致し，それが地域からみえる形になることで，根強く存在していた地域での差別・偏見が解消される。これは工賃引き上げ以上に，障害者の地域生活を支える基盤となる。その「ぎょうれつ本舗」の継続には，障害者福祉を目指す社会福祉法人として，ミッションを果たそうとする法人の選択とマネジメントが大きく関わっている。

一法人にとどまらない地域総体の実践――行政や社協との連携

同法人は「障がいのある方の支援を通して，（中略）人とのつながりを広げ，活力ある地域を築く」（「虹の会」ホームページ）と示してきた。そのミッションを実現していく上で，「ぎょうれつ本舗」はその具体像を示す取り組みとなっている。それを継続していくために，法人の優れた力量が鍵であったことは言うまでもない。しかし，一社会福祉法人が地域を築いていくには，様々な連携・支援・協力が必要であり，その部分において外部機関との間で作用するマネジメントに注目しなくてはならない。

「ぎょうれつ本舗」は，高島市の協働提案事業「支え合いの社会づくりのための移動販売事業」として，3年間（2012〜2014年度）運営された。3年間を通して，「ぎょうれつ本舗」事業がもつ意義が行政にも認識されるようになった。その結果，協働提案事業終了後の2015年度から2016年現在も，市から補助金（2年間）を確保することができている[3]。

「ぎょうれつ本舗」の価値や意義を，行政をはじめ地域に承認してもらうことには，社協の中間支援[4]が大きい。市の協働提案事業の実施には，社協からの

第11章 「しごと開発」からの地域づくり

支援や協力があった。事業開始において社協が法人の取り組みと地域をつなげる媒介的な役割を担ったことが，その中間支援の一例である。さらに必要に応じて相談に乗り，新たな販売地域の開拓，個別対応の必要な高齢者への販売や惣菜配達，社協デイサービスでの販売開始などで支援した。

　地域を基盤とした実践が，単に作業所が置かれる空間としての地域にとどまるのではなく，関係性が築かれる空間としての地域に展開していくと，法人内部の組織マネジメントだけでは限界がでてくる。その限界を超えていくことが，地域マネジメントの課題となる。つまり法人単独でなく，行政や社協等，地域でのさまざまな団体がつながり連携し，地域総体の実践として活動が共有され促進されていく体制が求められる。

地域的な持続可能性とは
　開発された事業はどのように持続可能性を獲得するのか。上述のように，単なる組織マネジメントを超える地域マネジメントの必要性が提起される。開発福祉が目指すのは，福祉の制度的アプローチを超えることであり，そのためには「地域」をベースとすることが前提となる。先もふれたように，一法人単独ではなく，行政や社協のような地域に根ざす他組織と協力した地域マネジメントの工夫が必要である。

　具体的には，地域での承認を得ることや，地域での様々な団体との共存を模索していくことがあり得る。たとえば，すでに移動販売は市場競争のなかにある事業である。中山間地域において，さまざまな類似した取り組みはそれぞれ重要な資源である。それら資源が衝突し，消滅する事態にならないように，それぞれの資源が共存できる調整が必要である。

　最後に，地域ニーズを基盤に開発された「ぎょうれつ本舗」が，常に変化する地域のニーズに合わせて，その形を変えながら持続していくことにも，組織マネジメントや地域マネジメントが関わる。「ぎょうれつ本舗」が示した価値がいつまでも「ぎょうれつ本舗」の取り組みのなかで継続的に維持されるとは限らない。たとえ「ぎょうれつ本舗」事業そのものが終了することがあるとし

ても，それを代替し，その価値を継承する新たな開発までを視野に入れた地域的な展開が，「ぎょうれつ本舗」の持続可能性として求められるのではないか。

*　執筆分担は，導入　穂坂光彦，第1節　田村きよ美，第2節　井岡仁志，第3節　朴兪美。

注
(1)　「ぎょうれつ本舗」の発足時は「ドリーム・あんです」が事務局機能を担っていたが，その後の人事異動により2012年度からは同法人内の「アイリス」が事業主体となっている。
(2)　2014年10月,「ぎょうれつ本舗」を持続可能な事業として継続していくために，カフェ「MIZU café cocco」が駅前にオープンした。「ぎょうれつ本舗」は，収益を上げる事業としては財政的に厳しい状況にあるため，連携して収益を上げる事業として，アイリスが経営するカフェを立ち上げた。「MIZU café cocco」は障害福祉サービス事業所であるが，それを全く感じさせない店となっており，障害の有無と関係ない生活困窮者等の中間就労（就労体験等）もできるようになっている。豊かな水・自然に育まれた高島の特産品と伝統的な発酵の文化を継承することを基本としたおしゃれなメニューの開発と，就労支援の場として営業されている。
(3)　2012～2014年間の3年間は，協働提案事業で市から470万円補助された。2015年からはほぼ2分の1に減額されたが，行政から補助が続いており，ガソリン代等に当てて運営している。
(4)　本章での中間支援は，地域で複雑に絡み合っているさまざまな関係団体の間に合意形成や協働を図っていく支援として，団体間をつなぐ支援とする（朴 2013：137）。

引用・参考文献
田村きよ美（2014）「社会貢献・障害者福祉」『共済総研レポート』JA共済総合研究所，No.133，20-26。
田村きよ美（2015）「障害のある人もない人も共に生きる社会」『NHKテキスト　社会福祉セミナー』NHK出版（8～11月号），11-13。
田村きよ美（2016）「ぽれぽれ」『さぽーと』日本知的障害者福祉協会，No.710，38-41。
田村きよ美（2016）「動く支援」『NPOのひろば』日本NPOセンター，No.77，5-7。
「虹の会」ホームページ（http://shiganijinokai.net/）。
朴兪美（2013）「福祉行政における地域支援の展開──福祉保健所による中間支援」穂坂光彦・平野隆之・朴兪美・吉村輝彦編著『福祉社会の開発』ミネルヴァ書房，127-140。

第12章
地域共生社会をめざす持続的な開発実践
―― 西宮市社会福祉協議会 青葉園

藤井博志・清水明彦

　西宮市社会福祉協議会が運営する青葉園は重症心身障害者の通所施設である。しかし，この青葉園通所者（以下，通所者）と職員は，青葉園を「地域生活拠点的場」と呼んでいる。すなわち，青葉園は重症心身障害者が自宅から出て地域社会と関わるための不可欠な地域共生空間なのである。

　重症心身障害者が，親抱えの在宅介護か親なき後の施設入所かではなく，人としてあたり前の生活を送るためには，その諸条件を地域で一から創り上げていくことが求められる。そのためには，一人ひとりの個人への支援と地域共生社会づくりを統合的かつ持続的に創造する運動展開が求められる。このような，大きなエネルギーが求められる青葉園実践の源泉は，当事者である重症心身障害者の人としてのあたり前の生活を送りたいという意志の立ち上がりと，そのことに共感的に関わっていく地域住民と専門職でつくる物語にある。その物語とは，重症心身障害者の一人ひとりの地域自立生活の実現から地域共生社会づくりまでを明確な目的として，当事者を中核に，地域住民，専門職が相互に高まるエンパワメントのプロセスである。そして，その地域自立生活実践において，青葉園は地域共生社会づくりの原動力となる重症心身障害者の人たちを地域社会変革の主体者と呼んでいる。また，それは地域福祉の開発実践といえる。(1)

　本章では，以上のような青葉園の当事者，地域住民，専門職の三者が，西宮市の地域共生社会づくりに向けて織りなす物語を地域福祉の開発実践のプロセスとして述べることにする。

第Ⅳ部　共生空間の創造

1　青葉園の成立と理念

青葉園のDNA——諸運動の合流

　青葉園は1981年に西宮市独自の法外通所事業として西宮市社会福祉協議会（以下，西宮市社協）の運営により発足した。現在は障害者総合支援法における生活介護を中核とした多機能事業所として運営されている。
　1950年代後半に重症心身障害児の親たちが保健所の療育相談の待合室で出会うことから，西宮市における重症心身障害児者の地域生活運動は始まる。医療機関等から「訓練しても効果はない」「そんなに長生きしないだろうから家で大切に……」などと言われ，なんの社会資源もなく完全に見放されていた状態であった。それでも子どもたちのわずかな変化やその笑顔に突き動かされ，親たちの「この子たちも一生懸命に生きていこうとしている」「少しでも訓練が受けられないのだろうか」「何とかこの西宮で集まれる場を」との願いが沸き起こり，就学前の通園訓練施設づくりの運動となった。それは，やがて年齢が進むにしたがって就学運動に発展していくのである。その結果，1967年は市立の肢体不自由児通園施設が設立され，さらに重症心身障害児の学校教育保障も進められた。これらの経過のもと，すでに1970年代前半には，就業先のない養護学校卒業生のための親子での作業に取り組む自主サークル的場や作業的活動の困難な卒業生のための社会教育の場として成人講座的な集まりなどが発足していた。さらに，まったく閉じこもりっきりのまま成人となり，完全な孤立状態となっていた未就学在宅者への，学生による訪問活動から発展した市内重症心身障害者の社会参加を目指す集いなどの活動も生まれていた。
　いずれも地域の中で生きていこうとする重い障害のある当事者とその家族，そして教師，福祉関係者，学生など，様々な人たちが関わりながら進められてきたものである。こういった自主発生的ともいえる諸運動が合流し統合するかたちで青葉園は誕生した。この成立の経過とその時代の状況の中での突出した先行性が，否応なく青葉園を開発的実践へと向かわせることになる。

第12章　地域共生社会をめざす持続的な開発実践

資料12-1　青葉園の基本理念

1．青葉園は，重度障害者の生活拠点的場であり，またその場作りをめざし続ける。
2．生活拠点の場とは，重度障害者一人ひとりが豊かに自己を実現し，いきいきとくらしていく為の土台となる場であり集団である。
3．生活拠点的場であるためには
①まず，通所者自身の健康管理・増進がはかられていなければならない。
②園内の様々なきめこまかなとりくみによって，個性や可能性を見出し，のばし，十分に自己を実現していなければならない。
③園が地域に開かれており，多くの人々とかかわりがもて，様々な機会が用意されるという，自由と豊かさがなければならない。
4．青葉園のとりくみは，生産性・効率や，単なる身辺自立のみを追求する活動とは根本的に異なり，通所者や職員・親など園にかかわる全ての人たちが一体となって共に考え，悩み，理解し合い，そして主体的に生き合うくらしを創造していくことを基本目標にしている。
5．青葉園は，重度障害者の生活拠点を作りあげていくことを通し，ひいては一般の人々すべての生活拠点作りの核となることをめざしている。いわば青葉園は，一般の人にとっても，一人ひとりが人間のあるべき姿を問い続け，失いかけている生活拠点を取り戻し，より豊かなくらしを作り上げていくための重要な公共的・社会的資源である。
6．自己を十分に実現できる場をもち，いきいきと暮らしていくこと，またそれをめざし続けることは，人間として当然の姿であり願いである。それはどんなに障害が重くとも追求され続けられるべきであり，基本的人権のひとつである。　　　　　　　　　　　　　　　　　　1982.12.23

青葉園の基本理念——生活拠点という場の概念

このような成立経過を踏まえ，青葉園設立の1年半後（1982年12月23日）には青葉園基本理念を定めている（資料12-1）。

この青葉園基本理念にある生活拠点的場とは，次の3点で説明されている。

① 生活拠点的場Ⅰ：人権保障の場

「自己を十分に実現できる場をもち，いきいきと暮らしていくこと，またそれをめざし続けること」（基本理念6）を基本的人権の一つとして定義している。そして，その場が青葉園であるという極めて根本的な位置づけをしている。

② 生活拠点的場Ⅱ：生き合うくらしの創造の場

そのため，青葉園を施設ではなく「生活拠点的場」として定義し，「その場作りをめざし続ける」（基本理念1）として，青葉園実践の持続的開発実践という運動性を押さえている。そして，その実施がめざす自立とは，「主体的に生き合うくらしを創造」していくこと（基本理念4）である。

③ 生活拠点的場Ⅲ：開かれた公共的，社会的資源としての場

さらに，この場を当事者だけの場ではなく，「重度障害者の生活拠点を作り

あげていくことを通し,ひいては一般の人々すべての生活拠点作りの核となる」（基本理念5）と定義している。青葉園を「一般の人にとっても，より豊かなくらしを作り上げていくための重要な公共的・社会的資源」として，一般社会に開かれた，共生のまちづくりのための社会変革の拠点として位置づけている。

以上の理念形成が可能となったのは，制度前提が全くない中で，なんとか地域で生きていかんとするすさまじい価値的なエネルギーを有する当事者と，当時は専門職という枠組みを持ち得ず，ただただ共に生きていかんとする青葉園職員が，青葉園という空間において率直に向き合い，共々に時間を経ることができたことによるものであるとしか説明のしようがない。この基本理念は,日々の青葉園での価値創造的な物語の展開を共にくぐってきた中から極めて内発的に湧き出てきたものである。

2　かけがえのない主体と主体が向き合うことからはじまる地域自立生活実践

地域自立生活実践展開の本質――個別化と社会化

この基本理念のとおり，青葉園では当初より「授産」や「更生」といった社会福祉制度の機能としての認識を持ち合わせておらず，「日々集まって何をするのか」という活動の模索から事業が展開されてきた。青葉園における活動プログラムは，一人ひとりの存在につき動かされ，お互いにわかりあおうとする極めて自然な展開により形成されていったといえる。わかり合うために身体を通して関わり合い(個人プログラム「いきいき」)，さまざまな場を共有・共感し(集団プログラム「のびのび」)，一緒に街に出向いていく(外出プログラム「どんどん」)。これらの活動の中で立ち上がってきた「本人」という主体が，さらにその先の展開を創り出していったのである。

職員は言葉によるコミュニケーションが困難とされている人たちを前にして，まず身体に触れることや一緒に状況を経験することから始めた。また，一人ひとりの表情や声，身振りなどを手段としたコミュニケーションからその人の想

いをくみ取っていくことにつとめた。本人が興味のあること，ワクワクしそうなこと，やりたいことを意識してくれることをめざし活動がすすめられたのである。したがって，活動は自ずと一人ひとりを個別化していくことになった。またその一方で，職員たちは，人とはまわりとの関係のなかでこそ自己実現へ向かうことができ，その中で固有の役割を持つことこそが，人としての尊厳ある状態なのだということに気づかされていった。このように，地域自立生活実践は個別化と社会化の統合的展開が必要不可欠であることが，障害者本人を通して実感させられたのである。

地域社会参加活動の展開——当事者，地域住民，専門職の相互役割認識

　こういった実感の中から，青葉園の外に出て，自分の住む地区，まちに目を向け地域の人と身近に関わり合える場の模索が始まった。しかし，それは，通所者の一方的な居住地区へのアプローチではなかった。それは，地区社協の役員たちが同じ地域の住民として受けとめようとしていく，つながり合いとしての地域福祉活動との相互のやりとりの中で発展してきたのである。

　その代表的な活動として，1982年より始められた，公民館等を拠点にした地域密着型の「あおばのつどい」がある。地元の通所者数名と職員が週1日定期的に公民館にあつまり，地域の活動者（地区社協関係者や民生委員，ボランティア）と1日を過ごす活動である。そこに決まったプログラムはない。通所者はその場をとおして，家族，職員以外の地域住民と関わって生活する実感を獲得していくのである。このつどいは現在も6地区で実施されている。それに加えて，地域住民と共同したリサイクルサークルや地域農園，地域の居場所としての店舗型拠点活動などの多様な活動が展開されてきている。それぞれの場において，通所者の一人ひとりは，つどいを主催する役割，サークル員としての役割，農園を見守る役割，店員としての役割を確実に認識していくのである。そして，関わる地域活動者は，つどいに主体的に参加した者として，環境問題等に取り組むサークル活動のメンバーとして，農園を維持する者として，そして店のお客やお手伝いとしての認識がある。その上で職員は，通所者の一人ひとりの存

在の価値を地域社会に位置付けるという使命を明確に認識するのである。

このように，これらの地域社会参加活動は，地域活動者や住民にとっても自分たちのまちに住む障害のある人との日常的な生活の営みとして，かけがえのないものとなっている。その観点からは，青葉園の通所者は見守りを要する要援護者ではなく，むしろ地域のつながりをつくっていく住民中の住民として認識されてきているように捉えることができるのではないだろうか。

地域自立生活の確立のための社会資源の開発——共生連帯の生産

こういった展開の中から，青葉園通所者本人から発露する，普通の市民として最期まで生きていたいという希望が明確な実態となって立ち現われてきた。青葉園では，この希望にそって地域で一生涯生活していけるように支えていこうとする地域自立生活確立のための取り組みが展望されることになる。この取り組みに必要な開発姿勢は，通所者および親の状況や必要に合わせた柔軟な対応と，「なんとかなる」「なんとかする」という展望である。結果的に，この取り組みには3つの開発形態がとられた。

1つめは青葉園の通所制度の枠外活動である。たとえば，通所者の親の介護疲れや病気，または親が亡くなるという緊急事態に対応できる24時間対応である。それは，「夜の生活拠点」として青葉園内で宿泊体験するナイトプログラム，親の入院などにより一時的に青葉園に長期間宿泊する緊急園内宿泊ステイが取り組まれた。これらの活動は，通所者とその親，職員間の信頼関係という環境を壊さないという観点から，他事業所の制度内対応ではなく，日々通所している生活拠点的場である青葉園において行うことに意味を見いだし実施されてきた経過がある。

また，2つめは事業形態に適合した組織づくりである。グループホームづくりとして，親，関係者とともにあおば福祉会を設立し，「あおば生活ホーム」を開設した（1992年）。

3つめは，生活支援ネットワークづくりである。地域自立生活維持のためのナイトプログラムなどの展開の中から，青葉園発の居宅介護支援事業所（NPO

法人）を生み出し（2001年），それらの他事業所と連携し，地域生活支援のネットワークづくりへと進展させていった。

　こうした中で，現在では19人の通所者が親もとを離れ，地域自立生活を営むに至っている。地域自立生活をする通所者の住居では，制度の枠をこえて，みんなで支援していくネットワークができている。民生委員や地域活動者が出入りし，地域連帯の砦となり，助け合って，関わり合って生きていくことが実感されてきた。そして，その共生連帯の中心にいつも，青葉園に通所する最重度の障害のある人がいるのである。通所者，地域住民，職員との生産的相互作用が，重症心身障害の人たちの地域自立生活の拡がりとともに，共生連帯を地域に生み出している。

3　本人中心の計画から障害福祉計画に架橋する施策推進ネットワーク

本人中心の個人総合計画のコンセプト

　重症心身障害者の地域自立生活は，単にケア付きのグループホームとか，24時間介護をつなぎ合わせるという平板な支援イメージで捉えることはできない。本人中心に展開される一つひとつの支援の背景に手厚い基盤が必要である。たとえば，介護支援であれば濃厚な養成研修の継続，恒常的コーディネート，バックアップ等々が組織的に必要である。したがって，介護支援，医療支援，権利擁護支援，そして地域社会による支援などが，青葉園の地域自立生活実践と呼応しながら重層的立体的に本人中心に構造化されなければならない。青葉園で取り組まれてきた自立プログラムは，その本人の社会生活力を高めるということより，こういった支援の構造を一人ひとりに応じて本人中心に生み出していくための長期にわたる創造的なプロセスといえる。そしてそれは地域自立生活後も続けられていくのである。

　青葉園では，「個人総合計画」と呼ばれる本人中心の計画に基づいた活動を進めることが1990年代後半より定着してくる。通所者本人と職員のわかり合い

の経過をつづる相互主体レポートに基づき，活動の中からの本人の希望を文書化した個人計画書と，その実現のための支援の詳細を項目化して確認する支援プランという形式で個人総合計画の整備が図られてきた。個人総合計画に基づく活動とは，職員側のつくる計画と実行ではない。その活動は，徹底して本人中心の計画づくりであり，その実行である。これらの活動の中で，通所者本人の存在の価値を社会に生かしていく創造的活動の展開をめざすのである。

本人中心計画から施策推進のネットワークへ

　青葉園の個人総合計画は，2002年に西宮市社協に設置された障害者生活相談・支援センター「のまネット西宮」での個人プラン（個人支援計画）に引き継がれる。こういった相談支援の展開をとおして，本人中心の支援の重要性が西宮市内に広く認識された。前後して，2000年には，西宮市障害者計画の学習検討会を契機に生まれた地域生活を支える市内事業所・団体・機関のネットワーク（西宮のしょうがい福祉をすすめるネットワーク「すすめるネット」）が形成されている。この時期には，社会福祉法人，NPO，当事者団体等が市内で多様な地域生活支援の事業展開を進めていた。これらがお互いに意思疎通を図り，行政にも提言を行う「すすめるネット」は，西宮市での本人中心の地域自立生活支援を進めていく上において大きな力となった。

　2003年からの支援費制度への移行に際しては，制度についての広報活動や説明会，セミナーが頻回に開催された。また，市内の相談支援事業者のネットワーク「障害者あんしん相談窓口連絡会」（「のまネット西宮」等市内8か所の相談支援事業者）からの情報提供や相談支援が進められた。一人ひとりがその人らしく，必要な支援を得て市民として暮らしていけるしくみづくりが，すすめるネットとの協働のもとで展開されていくのである。障害者自立支援法施行後においては，このネットワークが実効性のある西宮市地域自立支援協議会づくりへとつながっていった。2013年からは，西宮市社協が基幹型障害者相談支援センターを受託し，本人を囲んで関係者が一堂に会した，本人中心支援会議を開催し，本人の希望に基づく本人中心支援計画フォーマットにより計画を作成する西宮

市独自方式での計画相談展開，本人中心支援計画づくりが市内全域で進められている。

4 共生のまちづくり

地域自立生活支援から権利擁護支援の実体化へ

　2000年以降，措置から利用契約へと移っていく経過もあり，障害分野でも支援費制度を控え権利擁護支援の実態化が急がれることとなった。意思表明が容易ではない重度障害者も利用契約制度のなかで自己の意思に基づき，堂々と暮らしていける方策を弁護士，司法書士などの法律職を巻き込み模索することが求められた。そのため，2001年には，すでに地域自立生活を進めている青葉園通所者の権利擁護支援のためのモデル事業を実施する中で，法律職や福祉関係者の参加によって権利擁護支援を進めるNPO法人PASネットが生まれるにいたった。また，西宮市社協の地域福祉活動においては，重度障害者だけでなく認知症等の要介護高齢者の家族会や若年性認知症の当事者の会等，当事者組織支援や福祉教育への取り組みも進めてきていた。これらの活動の全体をとおして，一人ひとりの存在を尊重する権利擁護支援の必要性が広く実感される土壌が形成されていった。

　この経過の中で，行政，西宮市社協，PASネットによる検討会を経て，権利擁護支援センターの必要性が明確にされていった。2011年には行政からの委託により，「西宮市高齢者・障害者権利擁護センター」をPASネットと西宮市社協の共同で立ち上げるにいたっている。

　西宮市における権利擁護支援は，安易な成年後見制度の適応や意思代行としての後見人の選任の斡旋という機能を果すことが目的ではない。一人ひとりの存在の価値に立脚した，地域であたり前に生きたいということへの人権侵害に対する権利擁護支援機能の確立をめざしている。したがって，権利擁護支援は全ての住民の課題と捉えている。そして，この権利擁護支援の取り組みを進めるために地域活動者と専門職による協働がめざされている。地区社協では，地

区ネットワーク会議，地区ボランティアセンター，サロン活動，配食事業・地域の見守りなどの小地域福祉活動が豊富に展開されている。そして，これら小地域福祉活動から発見・把握される権利擁護に関する支援ニーズに対応するために，地区社協・地区担当職員（社協コミュニティワーカー），権利擁護支援センター職員と行政，関係機関・団体が連携協働する支援のネットワークづくりがめざされた。

また，西宮市社協は，社協が実施する多種の相談支援事業と青葉園活動を連携させながら住民の権利擁護に関する理解を進めてきている。生きづらさを抱える人たちへの偏見差別についての理解を中心にした福祉学習や交流事業の推進，フォーラムの開催，地区社協でのセミナーや懇談会などである。このように，西宮市社協は，地域住民への地域福祉教育，権利擁護学習をとおして，だれもが地域に生きる存在として認め受け入れられ，サービスや制度を利用し地域で普通に暮らす権利を有することへの住民意識を高める取り組みを地域福祉実践として重視している。

当事者と地域住民の相互の主体化による共生のまちづくりは，だれ一人もらすことなくその人権が守られていこうとすることが大切である。これらの権利擁護支援の実態化に向けての取り組みは，西宮市における共生のまちづくり展開を進めるにあたっての思想基盤形成の推進力となっているといえる。

生活拠点的場としての青葉園から地域住民と共に運営する地域共生館へ

以上の経過を経て，西宮市行政においても障害福祉計画だけでなく，共生のまちづくり計画としての地域福祉計画が第3期計画として発展してきた。一人ひとりの地域自立生活実践から顕在化した課題が反映されるような西宮市行政と西宮市社協や地域自立支援協議会との成熟した共同構築的な関係が形成されてきている。地域で自分らしく生きていこうとする本人中心の計画が地域福祉計画まで反映されるような，地域で暮らす本人の存在の価値が共生社会実現にむけてのまちづくりへとつながっていくための広範なネットワークが形成されつつある。

第12章　地域共生社会をめざす持続的な開発実践

資料12-2　第8次地域福祉推進計画　推進目標体系図

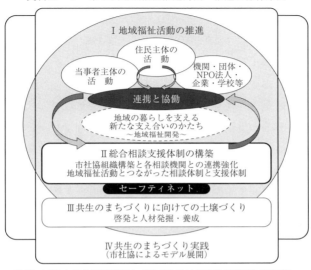

出所：西宮市社会福祉協議会『第8次地域福祉推進計画』2015年。

資料12-3　西宮市社協によるモデル展開・地域共生館の機能

①まじくるつどい場，みんなの居場所

子どもから高齢者，障害のある人，地域活動者，ボランティアや学生など多種多様な人がつながる場

（一人ひとりがその人らしく尊重される居場所）

②共生のまちづくり研究・研修所

誰もが主体者として生きる"共生社会"について学び合い，自分の役割をもって活動できる場

（共生社会開発実践研究センター）

③なんでもやります地域活動拠点

障害の重い人たちが地域での役割をはたしていく場

（共生社会実現展開活動拠点）

④自立生活準備基地

障害のある人などが暮らし，生活体験を積み重ねる場

（一定期間暮らし支援の輪づくり地域連帯生産所）

相互に絡み合いながら、みんなでエンパワーメント「地域共生館」

⑤あんしん福祉避難所

災害時，避難所としても機能する場

（どんな時でも助け合いながら自分らしく生きる拠り所）

出所：資料12-2に同じ。

西宮市社協の策定する第8次地域福祉推進計画（2015～2020年）は「みんなで創り出す共生のまちづくり」という福祉目標と4つの推進目標を掲げている（資料12－2）。西宮市社協はこの共生のまちづくり実践をすすめる象徴的な中核的拠点として「地域共生館ふれぼの」を建設した（2016年）。62人の青葉園通所者の内，20人の人たちが地域共生館に活動拠点を移した。この拠点運営は，地域共生館が立地する地区住民を主体とした推進協議会が組織化され，青葉園通所者たちと地域住民との協働が始まっている（資料12－3）。

また，地域共生館の取り組みを参考にし，他地区においても，多様な地域共生活動や場を生み出し，共生のまちづくり実践の全市展開を進めることをめざしている。さらに，西宮市全体の権利擁護・総合相談支援体制の構築をめざして，西宮市社協が率先して自組織内の総合相談支援体制づくりを進めている。そのため，西宮市社協は地区担当者や生活支援コーディネーター，相談支援や権利擁護支援機能などの社協がもつ全機能を十分に連動させるための組織改革と職員の意識改革をすすめている。

かけがえのない主体と主体がひびきあう開発実践。制度にとらわれず地域で生きていかんがための開発実践。本人中心の本人の希望が立ち現れてくる開発実践。一人ひとりの存在を心底より大切にする開発実践。それらが相互に作用しあいながら，地域共生館において真の共生空間を実態化し，さらにそれを全市に全般化していこうとするものである。西宮市社協は，第8次地域福祉推進計画において，このような開発実践を単なる社会資源開発と呼ばず，権利開発を目標とする地域福祉開発と呼んでいる。このことは，青葉園基本理念を地域福祉として実態化することでもある。このように，青葉園から出発した地域自立生活への構築の取り組みは，地域共生社会の構築に向けて，当事者，地域住民，専門職相互のつながり合い，育ち合いのなかでの相互主体化のもとに進められる地域福祉の開発実践として発展してきている。

当事者，地域住民，専門職の三者の相互エンパワメント

重症心身障害者の地域自立生活活動の出発点は，障害者本人のここでみんな

第12章　地域共生社会をめざす持続的な開発実践

と暮らしたいという意思の立ち上がりにある。その意思は，本人とその表現しづらい意思を感受する職員との相互理解と育ち合う関係から生まれる。その関係を相互エンパワメントという。現在，多くの社会福祉の実践者が制度の狭間の問題やその社会状況に対して疲弊している状況にあるといえる。すなわち，支援者が要支援者を対象化，客体化することによって生じる相互ディスエンパワメントの状況に陥っているのではないだろうか。それは青葉園実践と対照的である。すなわち，青葉園実践のキーワードは相互主体化である。しかもそれは，当事者，専門職の二者関係ではなく，地域住民との三者関係のもとでの主体化である。そのことによって，初めて地域共生社会に向けての社会変革実践の展望を見出せていることを押さえておく必要がある。西宮市における地域共生社会形成の原動力は，この三者の相互エンパワメントから発しているといえよう。

　その点，青葉園は西宮市社協という地域福祉活動の実践力が高い組織に位置付けられていたことが幸運であった。持続的，開発的，運動的に進める必要がある重症心身障害者の地域自立生活実践が福祉のまちづくりをめざす西宮市社協の地域福祉活動と結びついた。その統合の過程で，内発的な地域共生社会の形成がリアリティをもって重症心身障害者をはじめとする当事者と地域住民，専門職の三者に実感される過程が西宮市の実践の特徴である。もちろん，そこに行政も加わっている。その実践は，単なるサービスづくり，社会資源づくりを越えた総合的な開発実践として展開されている。本人中心の個人総合計画，権利擁護支援システム，すすめるネットや地域自立支援協議会などのネットワークづくり，障害者計画や地域福祉計画への反映などの多面的な実践である。この実践の総体を西宮市社協・青葉園では第8次地域福祉推進計画において地域福祉開発として展望している。権利開発を前提とした地域共生社会形成を目標にして，地域社会の開発，福祉的なネットワーク開発とともにケア・サービスの開発を複合的・統合的に展開することが地域福祉の推進，地域共生社会の形成には必要である。

注

(1) 西宮市社協第 8 次地域福祉推進計画では,「地域福祉開発」を次のように定義している。「生活福祉課題を解決するのは，単に支援サービスの開発（ケア・サービスの開発）を行うだけでなく，むしろ，その課題への地域住民の理解や態度の福祉的な醸成（地域開発）や住民と専門職の連携のしくみをつくることが大切です（ネットワーク開発）。また，これらの 3 つの開発を総合的に取り組むことによって，より豊かな暮らしをつくっていくこと（人権の向上を目指した権利開発）を『地域福祉開発』と表現しています」。

引用・参考文献

北野誠一（2015）『ケアからエンパワメントへ』ミネルヴァ書房。

清水明彦他（1997）「重い障害をもつ人たちの地域での豊かなくらしをめざして・青葉園の実践」『朝日福祉ガイドブック　このまちにくらしたい――重度障害者の地域生活支援システム』朝日新聞厚生事業団，47-114。

清水明彦（2009）「私はここに居ます――ちえさんの自立物語」PAS ネット編『地域をつなぐネットワーク　権利擁護で暮らしを支える』ミネルヴァ書房，15-39。

西宮市社会福祉協議会（2015）『西宮市社協第 8 次地域福祉推進計画（2015〜2020），みんなで創り出す共生の「まちづくり」』。

第13章
地域共生に向かう作業療法
―――ニカラグアと福島の経験

田中紗和子

　本章では，筆者が中米ニカラグアにある障害児通所施設で行ったビーズ手芸活動と福島県二本松市の仮設住宅集会所で続けている支援活動を取り上げ，それぞれのプロセスで生じた人びとの関係の変容が，次第に地域社会における多様なつながりへ展開していったことを指摘する。経済水準も文化も社会的背景も大きく異なる2つの事例にみられるプロセスの同型性に着目し，各主体の固定化された役割や関係性のもとで行われてきた作業療法の視点を，社会関係のあり方を変えることへと転換することで，主体間の新たな関係構築が促され，活動が地域社会とのつながりへと展開していく可能性を提起する。

　日本は，未曾有の超高齢化社会を目前に控え，医療介護といったフォーマルなサービスだけで国民の生活を支えることが，ますます難しい時代に突入している。同時に，自然災害などにおいて，住み慣れた故郷を突然失い，それまで地域社会にあった人とのつながりや生活が破壊されたり，揺るがされたりする状況も多く生じている。今日，作業療法には，病気や障害のある人だけを対象とするのではなく，地域住民全体の健康や生活をいかに守っていくかという視点が強く求められている。本章では，「障害の社会モデル」の視点をヒントに2つの事例を参照しながら，これからの時代に求められる地域共生に向かう作業療法を模索したい。

1　作業療法と障害の社会モデル

これまでの作業療法

　日本の作業療法は，1900年前後（明治時代），海外事情を知る医師たちによって欧米などから導入された精神科作業療法から始まったとされている（鎌倉

2004：36)。1965（昭和40）年6月に制定された「理学療法士及び作業療法士法」において，「作業療法」とは「身体又は精神に障害のある者に対し，主としてその応用的動作能力，又は社会的適応能力の回復を図るため，手芸，工作その他の作業を行なわせることをいう」と定義され，翌66年には法規上医療職として作業療法士が国家資格と認可された。1980年代以降，高齢者や精神障害者に対する保健医療政策の転換をきっかけに，作業療法実践の場は，医療だけでなく介護老人保健施設，訪問リハビリなど保健福祉の場にも広がった(鎌倉 2004：62)。一方で，作業療法士の大半は未だに医療の現場に従事するものがほとんどであり，「作業療法とは作業を用いて障害の治療を行うもの」という認識はなお根強い。

障害の社会モデル

ここでは，障害の個人モデルと社会モデルを参照しながら，作業療法の対象とされる「障害」とは何かについて検討したい。なお「個人モデル」は，医学医療を重視した考え方に由来することから「医学モデル」とほぼ同義に使用されることが多いが，本章では，本書全体の趣旨に基づき個人モデルを採用する。

個人モデルとは，障害者が直面しているさまざまな問題の原因を障害者個人の心身の機能障害に求める考え方である。個人モデルのもとでは，目が見える，手が動くなど，障害者個人の心身の機能的側面のみに着目するため,「障害 (impairment) がない状態」が目標とされ，それらに対して治療や外科手術，リハビリテーションなどが行われることになる。特に1960年代欧米から取り入れられた作業療法は個人モデルに基づいており，日本における作業療法でも，伝統的に広く受け入れられてきた考え方といえる。

一方で，社会モデルとは，障害者の生活が困難であるのは，障害者個人ではなく，社会と障害者との関係性の問題であり，設備，制度，資源，情報などの各種要因において，障害者が社会に完全参加すること，均等な機会をもつことを妨げるようなものが障害 (disability) であるとする考え方である。社会モデルのもとでは，それらの要因を除去するような支援や改変が社会の側に求めら

れ，その結果，治療や予防よりも，交通・公共施設のバリアフリー化や情報保護，雇用促進など，円滑な社会資源利用のための措置を講じることが検討される（森 2008）。

近年，これらの対比は，心身の機能的な障害だけではなく，貧困や差別，地理的アクセスの不平等など社会的な多くの困難も同時に抱えている障害者に目を向ける際，頻繁に援用されるようになっている。とくに途上国など制度的に脆弱な地域で生活する障害者の多くは，そうした環境にある。本章において地域福祉を志向する作業療法を模索していく上でも，この2つの障害モデルの視点を対比することで大きな示唆を得ることができよう。

2　ニカラグアの障害児支援施設にて

筆者は2011〜2013年，青年海外協力隊の作業療法士として中米ニカラグアにある障害児通所施設ロス・ピピートスで働いた。本節では，そこで行ったビーズ手芸活動を通じて生じた人間関係の変容が，地域とのつながりに展開した事例を分析する。以下で引用する調査資料は，筆者がかつてロス・ピピートスで関わった同僚，利用者，その他の団体の職員などに対して，2015年12月19日〜2016年1月3日に実施した半構造的インタビューによるものである。調査は，障害児者の生活実態，およびビーズ手芸活動実践の中で生じた人間関係の変容を明らかにすることを目的に実施し，インフォーマントは18名であった（表13-1）。

活動概要と背景

ロス・ピピートスとは，障害児の親が立ち上げた国内NGOで，障害児者への早期療育や社会参画，または家族への支援を目的に活動する団体である。ニカラグアにおける障害児者支援の中核的な位置にある。首都に本部，国内88か所に拠点をもち，運営は各拠点に委ねられている。本事例は，拠点施設の一つ「ロス・ピピートス・フィガルパ」における実践である。

第Ⅳ部　共生空間の創造

表13-1　インフォーマントの情報

グループ分類	No.	性別／年代	障害児・者との関係
当事者	A	男／20代	当事者：運動障害
家族・職員	B	女／40代	母親：娘・運動障害（15歳）
家族・役員	C—1	女／20代	姉：弟・自閉症（17歳）
	C—2	女／20代	母親：長男・脳性麻痺（享年3歳）
	C—3	女／50代	母親：次男・自閉症（17歳）
	C—4	女／30代	母親：次男・脳性麻痺（6歳）
	C—5	女／20代	母親：長男・脳性麻痺（4歳）
	C—6	女／30代	母親：長男・聴覚障害（16歳）
	C—7	女／30代	姉：妹・ダウン症（33歳）
	C—8	女／30代	母親：長男・脳性麻痺（6歳）
家族	D—1	女／20代	母親：長女・脳性麻痺（4歳）
	D—2	女／30代	母親：長女・ダウン症（10歳）
	D—3	女／30代	母親：長男・筋ジストロフィー（9歳）
職員	E—1	女／30代	作業療法士
	E—2	女／30代	リハビリ担当
	E—3	男／40代	理学療法士
	E—4	女／40代	臨床心理士
その他	F	男／30代	市役所職員

出所：筆者作成。

　フィガルパは，ニカラグア中部チョンタレス県にある地方都市で，牧畜の盛んな地域として知られる。ロス・ピピートス・フィガルパ（以下，ロス・ピピートス）は，中心市街地からは坂の上り下りを含めて徒歩30分かかる。

　筆者の活動開始当初，この施設では，作業療法について学んだ経験のある同僚と，事務職員の2人が常勤スタッフであった。他には，手工芸担当職員が週2回，理学療法士が週1回，スポーツとダンス担当の職員が週1回，非常勤職員として勤務していた。筆者は，同僚への作業療法技術移転を目的に派遣されたのだが，当初のロス・ピピートスは，職員の入れ替わりや病欠なども重なり，1週間の利用者数は5人前後とごくわずかで，施設運営がうまく機能していなかった。施設には，海外の支援で得られた作業療法用の物品が比較的揃っていた。昔は施設内でビーズ手芸も行われていたようであり，そのための物品を見つけ出して，利用者のいない無為な時間を埋めるように，ビーズ手芸を同僚と共に行うようになった。

写真13-1　テラスでのビーズ手芸活動

活動の展開過程

ビーズ手芸を導入することによって活動がどのように地域に広がっていったのか，その過程を4つの時期に分類してみる。活動の展開に応じてその「場」となったのは，リハビリテーション室，手工芸室，テラス（施設敷地内からも一般道からも目に入る場。写真13-1）および当該地域全体である。そして「主体」となるのは，施設利用者とその家族（本節で登場する「利用者」とは，主に障害児を連れてきた母親たちである），職員，地域住民，作業療法士（筆者）である（表13-2）。

第1期（信頼関係構築期）：作業療法士は施設内にいて，利用者が来たときには機能訓練（麻痺などの身体的な機能回復を目的に行われた作業療法）を同僚とともに施し，その他の大半の時間はおしゃべりに費やした。しかし，自分たちの暇つぶしのために同僚と一緒に楽しんでいたビーズ手芸を，利用者にも勧めようと試み始めた時期である。

第2期（ビーズ手芸定着と参加者の交流拡大期）：ビーズ手芸活動が少しずつ定着し，職員，作業療法士と利用者間の交流が活発化してきた時期である。活動の場は，職員からの提案で，施設内からテラスに移動した。暑さから逃れるためであったが，来訪者から活動が見えやすくなり，職員，作業療法士から利用者

表13-2　ビーズ手芸実践過程（ニカラグア）

時期		信頼関係 構築期	ビーズ手芸定着と 参加者の交流拡大期	施設活動拡大と 参加者の意識変容期	地域社会との 関わりの拡大期
場		施設内	施設内 テラス	施設内 テラス 利用者自宅 （家庭訪問） 研修・イベント会場	施設内 テラス 利用者自宅 （家庭訪問） 研修・イベント会場 地域社会 （道，孤児院，小学校等）
主体		職員 作業療法士	職員 作業療法士 利用者／利用者家族 来訪者 （障害者支援関連組織の人など）	職員 作業療法士 利用者／利用者家族 来訪者 地域住民 （主に，研修・イベント参加者）	職員 作業療法士 利用者／利用者家族 来訪者 地域住民
活動内容	施設全体の活動	おしゃべり 機能訓練	おしゃべり 機能訓練	おしゃべり 機能訓練 家庭訪問 →週間スケジュールの確立	おしゃべり 機能訓練 家庭訪問
	ビーズ手芸活動	（ビーズ手芸）	ビーズ手芸 ビーズ作品紹介・販売	ビーズ手芸 ビーズ作品紹介・販売 作品販売先の開発	ビーズ手芸 ビーズ作品紹介・販売 作品販売先の開発 施設外での 手工芸教室の開催

出所：筆者作成。

へのビーズ活動への勧誘や，作品を販売する機会も増加した。ビーズ手芸に参加しない人も含め利用者間での会話や交流も増加した。ビーズ手芸開始当初は，作業療法士がビーズ手芸をやろうと誘うことがほとんどだったが，第2期後半になると，空いている時間はビーズ手芸を行うということが全体に定着していた。

　第3期（施設活動拡大と参加者の意識変容期）：参加者のビーズ手芸技術が向上し，作品の売り上げも増加した。イベントでの作品販売を通じて，ロス・ピピートスに関わる人々と地域の人々が交流する機会も増加した。利用者同士のやりとりを基にして，職員と作業療法士が家庭訪問するようになった。また，作業療

写真13-2 地域の障害者関連の他組織と共催したビーズ手芸教室

法士や手工芸担当職員以外の職員は，ビーズ手芸に費やす時間よりも，機能訓練や作品販売先の開発などに費やす時間が増加した．利用者の増加に伴い「機能訓練の日」「手芸の日」など施設の週間スケジュールが安定した．

　第4期（地域社会との関わりの拡大期）：利用者は，各々の都合に応じて，機能訓練や，手芸活動に参加できるようになり，イベントなどでの出張作品販売が定着した．手芸を行っていることが地域の人びとに知られるようになったことで，ロス・ピピートスからの働きかけだけでなく，道端でビーズ手芸活動や作品について，地域住民の側から声をかけられる機会が増えた．地域の小学校の教師や近隣の孤児院など外部組織から手工芸教室開催の依頼が入るなど，地域の人々との関わりが拡大した（写真13-2）．互いの家を訪れたり，電話やメールで近況を報告し合ったり，ロス・ピピートスを離れたところでの利用者間の交流も見られるようになった．

主体間の関係変容とビーズ手芸活動の役割

　第1期では，職員と作業療法士が出会い，時間を共にしながら，その後の活動の基礎となる同僚としての信頼関係を構築した時期と言うことができる．利用者とは，ほぼ機能訓練の中だけの交流であった．

第2期では，活動の場がテラスに移ったことで，来訪者から施設の様子が見えやすくなり，職員同士だけでなく，職員と利用者，そして利用者間での会話や交流が増加した。ニカラグア人女性はもともと手工芸に対する関心が高かったこともあり，ビーズ手芸を介することで，自然に人が集まり，お互いに教え合い，作品を見て会話を弾ませた。職員との関係は，利用者というよりも友人同士のような親しい関係に変化した。また利用者同士も，機能訓練などを通じて，互いの子どもの様子を観察しながら，障害児の家族としての経験や悩みを共有するなど，交流が深まった。

インタビュー調査（2015年12月）では，「ロス・ピピートスで過ごす時間はあなたにとってどのような時間ですか」という質問に対し，多くの母親は「障害やリハビリなど自分の子どもに関することや，ビーズ手芸などの能力を身に付ける学びの時間」という趣旨を答えた。「ロス・ピピートスへ行くと，気晴らしになる」（表13-1のインフォーマントC-2）と語った母親もいる。またビーズ手芸の目的や効果については，「手指の巧緻性の向上」「作品を販売することで手に職をつけ，施設の資金の助けになる」をあげるものがほとんどであった。

その一方で，筆者が「ビーズ手芸を教え合うことで，コミュニケーションも促せるのではないか」と踏み込んで聞くと，「注意，集中などに課題を抱える息子にいつも苛立っていた母親がいた。でもその息子は，ビーズの穴に紐を通すことだけは好きで，母親は彼に付き添いながら，次第に彼のテンポに合わせる大切さを学び，彼の作品を販売するまでになった」（同C-1）など具体的な他者のエピソードを紹介してくれた者もいた。ビーズ手芸のコミュニケーション効果が自覚されつつあった。

第3期では，ビーズ手芸活動，機能訓練，家庭訪問など多様な場におけるおしゃべりの中で，利用者の側が利用頻度の減っている利用者のことを気にかけたり，自宅の近くで暮らす障害児者を職員に紹介するようになった。ビーズ手芸活動についても，職員や利用者から，作品製作だけでなく，販売先の紹介や作品に対するアイデアが出されるようになった。職員は，研修があれば自ら作品販売の準備をして出かけるようになった。かつて職員は，利用者が来た際に

要件に応じて対応するだけであったのが，これらの変化の後には，施設スケジュールを調整し，より多くの利用者に支援が届くよう考え，遅刻や休みの連絡を予めするようになるなど，仕事に対する責任感と主体性が向上した。

利用者も機能訓練に通うだけの立場であったのが，より多くの障害児の支援のために何ができるか，ビーズ手芸作品の売り上げを上げるために何ができるかを職員とともに考え，施設運営を改善する主体へと変化した。母親D-1は「多くの障害のある子どもたちの生い立ちを知ることができ，自分はひとりじゃないんだと感じることができた」と語っている。会話や手芸を通じて他者と関わる場は，主体それぞれにとって自分の置かれた状況を客観的に捉えることができ，共感し合い，学び合い，癒しや前向きな感情を得る場としても機能していたといえよう。

第4期は，手工芸，機能訓練，施設内外のスケジュール調整など職員の役割がより明確になった。作業療法士は，活動開始当初，ほぼ全ての活動に関わっていたが，この時期には，機能訓練，外部組織との手芸教室共催の企画や支援，家庭訪問がメインとなり，手工芸活動自体については補助的な関わりへと変化していた。利用者のほとんどは機能訓練を目的に施設へ足を運んでいたが，第1期目に比べると，会話のテーマは幅広く，深くなり，利用者と職員，作業療法士は，家族やご近所さんのようなより親密な関係になっていった。

3　福島県二本松市の仮設住宅集会所にて

東日本大震災から5年以上が経過した2016年9月12日現在，未だ全国47都道府県，1105の市区町村に約14万1000人の避難者等が生活している（復興庁，2016年）。本節では，東京電力福島第一原子力発電所の事故によって二本松市にある仮設住宅での生活を今なお余儀なくされている住民と，JOCVリハビリテーションネットワーク（青年海外協力隊経験のあるリハビリ関連職種を中心に活動している任意団体。以下，リハネット）との実践の中で生じた関係性の変化を取り上げる。とくに手工芸作品販売や，ボランティアグループ発案の祭りの地域展開に焦点

を当てる。

活動概要と背景

　リハネットは，福島県浪江町出身の避難者が生活する二本松市の2か所の仮設住宅の集会所で，2011年9月から現在まで，毎月2回の頻度でマッサージや運動指導などの個別対応，および手芸や料理などの作業を継続している。筆者も協力隊からの帰国後，2013年10月からほぼ月1回のペースで参加している。手芸では，折り紙やアクリルたわしなど比較的難易度の低い作品から，刺し子布巾，吊るし雛，クラフト手芸など，難易度の高い作品まで製作している。料理についても，季節に合わせて，そうめんや柏餅を作ることもあれば，浪江町で馴染みの味付けで作る稲荷寿司や，青年海外協力隊経験者が伝授する多国籍料理まで幅広い活動を展開してきた。

　集会所での活動以外にも，イベントやインターネットを通じての手工芸作品販売，活動の様子の発信，仮設住宅イベントへの参加，協力も行っている。避難者のほとんどは，震災以前は休む時間もなく農業や漁業に従事してきた60～80代の高齢者である。避難生活における活動制限や狭い住環境を原因とする肩凝り，腰痛，体重増加など身体的な不調を訴える者は多い。また，震災や原発事故に伴う精神的なショックに加え，「突然仕事がなくなった」ことで閉じこもりがちになったり，それまで地域社会にあったつながりを失ったことなどの影響は深い。

　今なお仮設住宅に残っている住民は，老々介護世帯をはじめ，新たな生活を始める資力や体力の不足などなんらかの困難を抱えている割合が高い。一方で，新居を構え，あるいは災害復興住宅へ転居し，新たな生活を始めたとしても，新天地で人間関係や生活を再構築することに苦悩している住民も存在する。仮設住宅退去後もリハネットの活動への参加を続けている住民から「仮設では外へ出れば，誰かがいたけれど，今は外へ出ても誰もいない」「出歩くと，あの人は避難者だと言われるので，出たくない」などの声を聞くことがある。

作業活動で生じた関係の変容

　マッサージや個別相談だけでなく，手工芸などの作業を通じた活動が始まったのは，2011年11月からである．具体的には，カレンダー，ストラップ，ブレスレット，編み物，エコバックなどを作成し，完成作品は各作成者が持ち帰っていた．しかし回数を重ねるうちに，参加者のアイデアや積極性が出てきたり，リハネット活動の継続性に関する議論がなされたりする中で，参加者がより主体的に活動に関わることができる機会として，完成作品の販売が始まった（小泉 2012：53）．作品販売が始まると，参加者が自宅でも手芸を行うようになり，次第に作品の完成度も向上した．リハネットメンバーがイベントでの作品販売を担当し，購入者から仮設住宅の参加者へメッセージを書いてもらうこともあり，こうしたことを通じて，参加者の意欲が高まった．刺し子布巾の新しいデザインを探し，売れ筋のよい作品を考えるなど，より主体的な活動参加がみられるようになった．作品販売は現在インターネット販売にまで発展している．

　初めから継続的に参加している人，途中から参加し始めた人，時どき参加する人，1回だけ参加したことがある人，仮設住宅から移転して参加しなくなった人など，参加形態は多様であるが，これらの活動を通じて，参加者同士に，また参加者とリハネットメンバー間の関係性にも変化が生じている．その時間，場所だけの個人的な関係であったのが，活動を共にしながら，自己紹介や近況報告をする中で，互いに理解を深め，一時的な交流の場が定期的な交流の場へと変化した．活動の中で，活動頻度の増減や話の内容，表情や体型などの些細な変化に気が付くこともある．また，活動に参加しなくなった人の状況も，誰かしらが知っている，互いに見守り合う関係性へと変化しているといえる．リハネットの活動以外でも自主的に集まって手工芸をするようになった仮設住宅のグループもある．また，仮設住宅を退去した後も活動に参加するために集会所へ足を運んでいる参加者がいたり，リハネットメンバーが復興支援住宅へ転居した参加者を訪ねたり，つながりは仮設住宅を超えた展開も見せている．

「絆まつり」を通じた地域とのつながり

「浪江・岳下絆まつり」(以下，絆まつり) とは，2011年から毎月12月に行われているイベントである。絆まつりは，リハネットやその他のボランティアグループが，各活動の中で，仮設住宅住民同士のつながりが希薄なこと，仮設住宅住民と地元二本松市の住民との交流が少ないことなどの課題を感じ，「仮設住宅の人々が主役になれるようなイベントをしたい」という思いを抱いたことから発案された。絆まつりは仮設住宅住民と二本松市の住民，ボランティアの交流の場となり，2回目から浪江町長や民生児童委員協議会が参加，3回目以降は，仮設住宅住民自治会・岳下区長会・岳下婦人会が主催となり，二本松市行政も支援するようになった。会を追うごとに仮設住民や地元住民等の当事者組織の役割が拡大し，ボランティアグループは徐々に周辺組織へと後退した (石本 2016：12)。

4　ニカラグアと福島の比較から

2つの事例に見られる関係変容の同型性

ニカラグアと福島の事例を，それぞれの活動の「場」，「主体」，活動内容の「プロセス」について比べながら，各プロセスにおける意思決定の主体がどこにあるのか，その中で手工芸などの作業がどのような役割を果たしていたのかを考察したい。

2つの事例はいずれも，つながりが希薄な状況から始まった。活動は，「一時的な」場に，「個人」が集まり，「受動的」に作業 (ビーズや手工芸) を行うというところからだった。回数を重ねるうちに，参加者はお互いを知るようになり，場は「定期的な」場，楽しい場，アイデアが生まれる場などへと変化した。そこから「販売」の要素も加わると，販売という共通意識のもと，「仲間」としての意識が高まり，活動に対する意欲や作品製作の技術も向上し，次第に「主体的」に活動を行うようになると共に，活動の場や主体は「地域社会」へと展開していった。また，活動を共にする時間が長くなると，各主体は互いに見守

り，支え合う「家族，親せき，ご近所さん」のような関係性に変化していた。

　これらのプロセスの中で，意思決定の主体を振り返ると，開始時の中心は，「外部者」だったのが，次第に「外部者」と「当事者」の共同する時間が増加し，最終的には生活「当事者」が中心となり，それを外部者が支援するようになっている。作業は，当初はそれを行うこと自体が目的や楽しみとなっていたのに対し，次第にコミュニケーションを促す触媒となり，各主体の心をつなぎ，地域社会との関係を築く架け橋となった。また同時に，そのプロセスは，自分の置かれた状況を他者と共有することを通して，孤独感を癒し，気晴らしや楽しみ，希望が持てる時間として機能するなど，各主体が尊厳のある時間を過ごすプロセスであったとも言えるのではないか。

地域共生に向かう作業療法——「社会モデル」の視点から
　「医学モデル」の視点に基づき，手工芸などの作業を障害軽減の手段とみるならば，本事例における作業は，心身の機能改善を目標としていたわけではない。そもそもこれらの事例は，いわゆる作業療法として行われたものではない。しかしながら，限られた資源や能力の中で，新たな手段や関係性を築きながら生活を営んでいくプロセスは，「障害」を障害（impairment）そのものではなく，社会と障害（者）との関係性の問題とみる「社会モデル」の視点と一致する。作業療法士としての筆者は，このプロセスに関わる一員として，それぞれに実現可能で意義を感じられる作業を共有しながら，新たな生活を築いていくプロセスに参加した。これも作業療法なのではなかろうか。

　もし「医学モデル」に基づき機能訓練にこだわっていたとすれば，地域への展開ばかりでなく，ニカラグアでのビーズ手芸，二本松における手工芸などの作業自体が開始されなかった可能性もあったろう。これらの事例にみられる関係性の変化は，意図した目標を達成したものではなく，実践の中で結果として見出されたものである。しかし，その展開は偶発的に生じたものではなく，各主体が時間を共有する中で，互いのニーズに気づき，向き合い，実践されたからこそ生じた展開であり，それは様々な対話や工夫，アイデアが積み重ねられ

ながら成り立っている。つまり地域共生に向かう作業療法とは，各主体が時間を共有する中で，新しい人間関係を築きながら互いのニーズを把握し，適切な時期に適切な支援を補い合いながら，地域住民の健康や生活を守っていくアプローチである。各主体が共有し共生する社会空間の存在が，それを可能にしている。二地域の事例は，異なる国にあっても，そうした空間を生み出す手段として作業療法が貢献しえたことを示している。

引用・参考文献

石本馨（2016）「災害後のコミュニティ再構築における外部支援者の機能『浪江・岳下絆まつり』におけるボランティアグループの役割を通して」『日本福祉大学アジア福祉社会開発研究センターニューズレター』6。

鎌倉矩子（2004）『作業療法の世界――作業療法を知りたい・考えたい人のために』三輪書店。

小泉裕一他（2012）「なぜ我々は継続的に福島県二本松市に通い続けることができたのか？――JOCVリハビリテーションネットワークによる東日本大震災被災者支援活動」『埼玉県包括的リハビリテーション研究会雑誌』12（1）。

髙木竜輔（2016）「福島県内の原発避難者に対する社会調査の実践とその課題」『社会と調査』16。

寺門貴編（2015）「特集　住民が主役のコミュニティづくり――作業療法士ができること」『臨床作業療法』12　1，青海社。

久野研二・中西由起子（2004）『リハビリテーション国際協力入門』三輪書店。

穂坂光彦・平野隆之・朴兪美・吉村輝彦編著（2013）『福祉社会の開発――場の形成と支援ワーク』ミネルヴァ書房。

森壮也編（2008）『障害と開発――途上国の障害当事者と社会』アジア経済研究所。

〔コラム2〕

障害平等研修がもたらす地域の変容
―― 東京都大田区での取り組みから

久野研二・曽田夏記

障害平等研修とは？

　障害平等研修（Disability Equality Training：DET）は英国で発展してきた人権研修だ。障害者自身が対話の進行役であるファシリテーターとなり，障害について参加者と対話をしていく。DETの目的は，参加者が障害は差別や排除という人権の課題として起こっていることを理解し，その原因は社会の様々な障壁にあることを見抜く視点を獲得し（障害の社会モデルの視点の獲得），その障壁を取り除く方策を考え（行動リストの作成），変化を担うひとり（agent of change）として行動していくことである。日本では2014年にDETフォーラムを設立し，現在63名のファシリテーターが全国各地での取り組みを進めている。

「わたしたちの地域でDETをはじめたい」
―― 東京都大田区での取り組み

　東京都大田区は，地域の市民社会や個人が中心となってDETに取り組んだ最初の地域だ。2014年3月に大田区のNGOや障害者また関心のある個人が集まり日本で初めての「DET体験セミナー」を企画・実施した。5月にはこのセミナーに参加してDETに関心を持った障害者や個人がさらに加わり，大田区でのDETを推進していくことを目的に「DETサポーター大田」が設立された（写真1）。その後このDETサポーター大田は大田区でのDETの推進役・調整役として大きな役割を担ってきた。DETフォーラムもこれを後押しするため大田区の助成金などを2年にわたり活用し大田区の障害者をファシリテーターとして養成していくことにも力を入れ，DETを推進するとともにそのノウハウを学ぶ場ともしてきた。

　このDETをめぐる大田区の動きは，自分たちの生活がそこにあり，地域の課題や資源を良く理解し，広く多様なネットワークを持っている人たちが，DETを推進することで自分たちが大田区を変えていく行動の主体になるというプロセスの一つになったのではないかと考えている。

地域の変化への展開

　これまでの2年間，DETサポーター大田はネットワークをさらに拡げ参加している人も多様になっている。DETの実施も30回を超え，小学校やPTA，地域の大学

第IV部　共生空間の創造

写真1　大田区での障害平等研修の実施

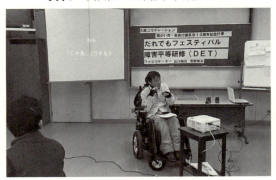

や企業，障害関係の団体だけではなく今まで障害とは全く関係のなかった地域の団体，そして区議会議員やその関連団体などがDETを活用するなど，地域社会に根ざしたDETの取り組みがなされてきた。特に，地域社会のいろいろな団体や機関がDETの評判を聞いて口コミでDETが広まっているのは，地域の活動としてDETが根付き始めていることの表れと感じている。

　また，この大田区でのDETの取り組みに他の地域の団体や個人が参加し，たとえば目黒区や多摩市でのDETの実施につながり，そのきっかけを作った人や団体が中心になってさらにその地域でのDETの推進に取り組むなどの波及効果もでている。DETサポーター大田も大田区以外のファシリテーターにDETの経験を積む機会を提供するなどしており，DETは大田区の内部のつながりを強めるとともに他の地域とつながる橋渡しともなる社会関係資本の強化のプロセスにもなっているのではないだろうか。

　この経験からの学びは，単にDETという研修がその地域でなされることではなく，DETに取り組んでいくプロセスが地域社会に根ざした団体や人びとによってなされることの重要性だ。DETを行うファシリテーターに加え，DETの推進プロセスに地域社会の様々なアクターを巻き込んでいくプロモーター，そして，実際の運営を担うマネージャーの3つの役割がDETサポーター大田のように地域社会に根ざした形で進むことで，初めてその取り組みは地域社会が変わっていくというプロセスになるのだろう。

第14章
共生空間をひろげる共生型ケア拠点の政策化
——富山・熊本・高知三県の試み

平野隆之

　共生型ケア[(1)]が実践の段階から政策化へと展開するためには，一種の運動的な広がりが必要となる。それを実現したのが，1990年代の後半に活発化する宅老所の運動である。そして，それに呼応した都道府県行政の単独補助事業による支援があって，はじめて共生型ケア拠点が整備されることになった。対象別の福祉政策を展開してきた国が政策化することの困難を抱える中で，共生型ケアの政策化は都道府県を単位にしてスタートする。

　本章では，実践者による運動を契機として，都道府県による政策化が進んだ一連のプロセスを，政策からみた「開発福祉」の代表的な例として捉えている。さらに，共生社会を目指す国の新たな政策化の動向を踏まえると，共生空間をひろげる共生型ケア拠点の意義は大きいといえる。

　共生型ケアの政策化は，富山県でまず成功する。その意味で，共生型ケアは「富山型」とも呼ばれ，ケアの実践のみを意味するのではなく，富山県の行政支援を含んだ概念として用いられている。また熊本県と高知県は先行する実践者の取り組みを踏まえ，それぞれの地域特性を考慮して，独自の支援策を展開した。その背景に，県地域福祉行政の展開方法においても注目すべき組織改革がある。

1　共生型ケア拠点の政策化

共生型ケア拠点の政策化のはじまり

　共生型ケアが実践の段階から政策化へと展開するためには，一種の運動的な広がりが必要となる。宅老所の全国組織である「宅老所・グループホーム全国ネットワーク」が宮城県で発足するのは，1999年であり，介護保険法施行の前

年である（図14-1，**1**）。当時の浅野宮城県知事がこうした宅老所を政策的に支援することを指示したこともあって，同年には宮城県において設置された「小規模多機能施設等サービス調査研究委員会」によって共生型ケアを含む宅老所の政策化の現状と課題が報告されている（平野 2000）。その研究結果として，「ケアの多機能化」の支援策の実現性は高いことが判明したものの，共生型ケアが該当する「対象の多機能化」については，政策化の困難さが明らかとなっている。

共生型ケアの政策化は，富山県で成功することになる。その意味で，共生型ケアは「富山型」とも呼ばれ，ケアの実践のみを意味するのではなく，富山県等の行政支援を含んだ概念として用いられている。その政策的な支援の最初が，「民間デイ育成事業」（1997年）である。富山県下では，共生型ケアの実践者が多く，それらとの協働のなかで，政策化が積み上げられていく。その象徴的な事業が，共生型ケアの「起業家育成事業」（2002年）である（図14-1，**2**）。実践者がネットワークを組むことで，必要な支援策を明確化することが可能となり，また効果的な普及が図られることになる。そして富山型の発信力を支えたものが，隔年開催の「共生ホーム全国セミナー」（2003年～）である。それが，以下の全国的な広がりを促進する条件となっている。

先の「宅老所・グループホーム全国ネットワーク」や「共生ホーム全国セミナー」の事務局を担っているのが，NPO法人全国コミュニティライフサポートセンター（CLC）である（本書163頁注(1)を参照）。なお，筆者はCLCの理事を務めるなかで，これらの運動に深く関わった。

富山型の他県への波及

富山型の他県への波及の代表的なものの一つは，長野県の「宅幼老所」である（2002年～）。以下に紹介する熊本県との対比で「場の共生」の事業化として整理できる。「場の共生」とは，ケア機能の拠点という空間・場のなかでの共生を重視するタイプである（図14-1，**3**）。長野県の支援策としては，拠点の整備費補助であるとともに，普及のために県としては3分の2の高率補助率を設定した点が特徴的である。普及の数を重視しすぎたために，「宅幼老所」は

第14章　共生空間をひろげる共生型ケア拠点の政策化

多様な形態をとるとともに，結果的には高齢者数が多くを占める傾向にとどまった。これを進めた長野県の担当部署は，「コモンズ福祉課」であり，ダム建設の廃止をスローガンとして登場した田中知事（当時）の地域に暮らす人の共有財産（コモンズ）をよりよく維持・管理・創造しようとする考え方が反映したものである。なお，長野県は，その後知事が代わったこともあり，事業規模としては縮小することになる。

　これに対して，もう一つの普及タイプは，熊本県の「地域の縁がわづくり推進事業」（2004年～）である。「場の共生」よりは，拠点（縁がわ）と地域社会との共生を目的にした「地域の共生」を目指す傾向が強い。「地域の共生」を重視する背景には，「地域の縁がわづくり推進事業」が県の地域福祉支援の中心的なプログラムとして提示され，他のプログラム（地域の結づくりや地域のしごと［支事］おこし）と相まって地域福祉推進に寄与しようとする考え方がある（図14－1，4）。市町村を経由せず，県の出先である地域振興局を通じ直接事業者への補助方式を採ることで普及を強化している。県は地域福祉支援計画の策定に際して，CLCのバックアップを求め，県下における新たな地域福祉の実践の芽を拾い上げ，育成する方法を多角的に実施した。それらは，地域福祉情報誌『わがまち自慢の福祉でまちづくり』（2004年）や熊本発の「地域生活支援」を目指すセミナーの開催に結びつき，地域福祉を重視した共生型ケアの拠点の整備を進めた。

　その他の都道府県のなかでも特徴的な動向を示しているところを紹介しておきたい。一つは佐賀県で，「地域共生ステーション」という名称で，県の単独補助事業を展開している（2005年～）。支援策としても，富山型を継承する形で展開している。事業を担うネットワーク化も進め，人材育成事業にも予算を拡大している。また，事業の質を確保するために，外部評価のしくみを取り入れている。

　もう一つは，北海道である。これまで紹介した県とは異なって，富山型の波及というよりは，厚生労働省の老健局が用意している「地域介護・福祉空間整備交付金」を積極的に活用した拠点整備ということもあり，運営費用が低額と

なる居住（グループホーム）型の共生施設が多くなっている。

　北海道のなかで新たな共生型の拠点が，2007年に釧路市で誕生する。「コミュニティハウス（冬月荘）」（2007年）といわれるもので，居住型ではなく，制度から漏れる人の「居住支援」を目的とした多機能型で，今日課題となっている生活困窮者の支援にもつながる取り組みでもある（図14－1，⑤）。この時期から，共生型ケア拠点の政策化の課題ではなく，新たな地域福祉の支援拠点の政策化を展望する段階に入っている。

国の制度化の試みとその波及

　富山県や釧路市の「コミュニティハウス」をモデルにした国の最初の共生型ケア政策が，2009年に内閣府から「フレキシブル支援センター事業」として導入される。離職者などへの緊急雇用対策の財源を活用したもので，人件費補助10分の10，3年間という期限付きの補助の方法として打ち出された。しかし，北海道と高知県以外にはあまり普及しなかった（図14－1，⑥）。4年目以後の継続対応や政策イメージについての自治体の十分な理解がえられなかったことが背景にあった。

　高知県は，これまでの都道府県の取り組みを踏まえるとともに，中山間地対策としての「地域福祉の拠点」として位置づけ，国の「フレキシブル支援センター事業」を全面的に活用した。「あっかたふれあいセンター」という名称で共生型拠点を打ち出し，高知型福祉の中心プログラムとした。3年以後も事業を継続する計画目標をもって取り組んだ。これまでの都道府県が拠点整備費の補助にとどまっていたのに対して，人件費補助に踏み込んだ点が注目される（図14－1，⑦）。また，策定が遅れていた市町村地域福祉計画のプログラムとして位置づけ，その策定への取り組みを加速する条件ともなった。いずれにしても3年以後の市町村負担を首長が納得する必要があるため，県の担当部署は地域福祉の拠点としての意義を説得するためのアプローチも行った。こうした市町村の地域福祉行政への県の支援は，県の出先である福祉保健所に地域支援室，県庁に地域福祉部地域福祉政策課を導入する形で，行政組織的な整備によって

第14章　共生空間をひろげる共生型ケア拠点の政策化

図14-1　共生型ケア拠点の政策化

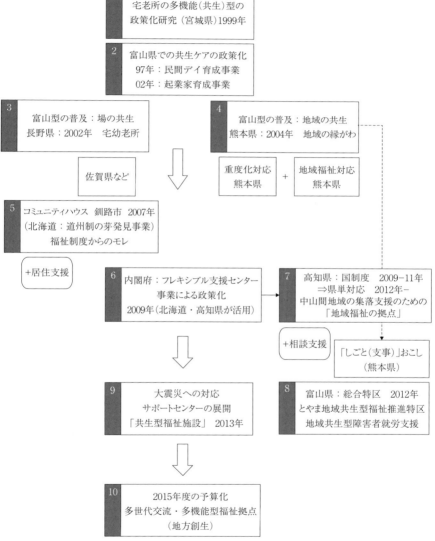

出所：筆者作成。

支えられたといってよい。さらに人材育成の事業についても県社協を中心に実施している。地域福祉の拠点整備と計画的な推進，そして人材育成が循環するような構造ができつつある。

　2017年3月の見込として，高知県では，29市町村，44か所の「あったかふれあいセンター」が整備されている。なお，サテライトの小規模拠点は206か所におよぶ。高知県における地域福祉の拠点の特徴は，それを担う「あったかふれあいセンター」と地域振興をめざす「集落活動センター」との融合をめざし，過疎化に対抗しようとした点にある（日本福祉大学地域ケア研究推進センター 2013）。筆者が所属する日本福祉大学との共催で，高知県で「集落福祉を考えるセミナー」を開催しており，中山間地域での共生型ケア拠点のあり方を論議した経験がある（平野・藤井 2013）。それ以後「集落福祉セミナー」は，CLCによって全国的規模で開催されている。

　国の政策化の第2ステージでは，東日本大震災対応としてのサポートセンター事業の延長線上に，「共生型福祉施設」（2013年～）を導入している（図14－1，⑧）。全国のモデルとしての役割をもって，被災3県において構想されているが，導入する施設のイメージが，どの地域モデルとして想定するのか，富山型か，高知型か，被災地特有型か，など政策の明確な目標設定ができていないこともあって，結果的に多機能なサービス拠点としての共生型福祉施設という15年前のモデルにとどまっているのが現状である。人材育成や運営費補助のあり方についても，検討不十分なままでの政策化にとどまったといえる。

　本来であれば，被災地に必要な制度外対応の受け皿として，生活支援相談員との連携を視野に入れた地域福祉の拠点として展望されるべきであった。

仕事おこしの機能

　熊本県では，これまでのケア拠点としての「地域の縁がわづくり推進事業」に，仕事（支事）おこしのための予算を活用して，「中間的就労」の場としての機能を付与した。すでに共生型として障害者等の利用が進んでいたことを踏まえ，働くことを通しての社会参加の機能を拡充したといえる。レトルト食品な

第14章　共生空間をひろげる共生型ケア拠点の政策化

どの商品開発への専門的な支援も含まれており，持続可能な働く場の確保への取り組みが進んでいる。こうした働く場としての機能は，釧路市の「コミュニティハウス」のなかでも導入されていた。

そして，富山県でも総合特区の制度を活用して，本格的に「地域共生型障害者就労支援」の導入を図った（2013年〜）。特区としての特例措置の内容としては，「施設外就労を基本とした形態で就労継続支援B型事業を行う」ことを可能とし，就労継続支援B型事業所外での共生型ケア拠点で障害者が就労することを巡回しながら支援するという方法で，ケアの拠点にとどまらず，就労の拠点としての機能をもつしくみである（佐藤 2015）。ケアから社会参加の拠点としての展開を遂げるための取り組みとして注目できる（図14−1，⑨）。

こうした共生型ケアの拠点が，ケア拠点から社会参加の拠点へと展開することで，2015年度に導入される生活困窮者自立支援で求められている「中間的就労」の議論と共生型ケアの政策的な展開は親和性をもつことになる。生活保護率の高い釧路市において「コミュニティハウス」を運営していたNPO法人地域生活支援ネットワークサロンは，そこでの仕事の訓練をさらに地域全体へ広げるための就労困難者のインターンシップ事業へと展開させている。この事例からも，共生型ケアと仕事づくりとの結びつきから，生活困窮者自立支援への連続性を物語っている。

高知県のような中山間地域における人口減少への対応が，新たな地域福祉政策課題となるに伴って，これまでの共生型ケア拠点あるいは地域福祉の拠点の政策化の守備範囲が広がる傾向をみせている。2015年度の国の概算要求では，人口減少地域の「社会的居場所」と地域共生型施設の両方における整備費補助が打ち出された。しかし消費税導入の延期を契機にその導入は見送られている。整備費補助について触れておくと，人口減少地域の「社会的居場所」のモデルが，高知県の事業を先行的なものとしてみなしていると判断するとき，運営費補助の確保が重要であって，整備費補助が選択されるメリットは乏しいということができる。共生型ケア拠点の維持・拡充を担保できる地域福祉予算を再検討することが不可欠になっている。

そのようななかで，地方創生の総合戦略の一環として，「中山間地域等において，生活支援サービスを一定のエリア内に集め，周辺集落と交通ネットワーク等で結ぶ『「小さな拠点」の形成（集落生活圏域の維持）』を進めるということが提案されている。この拠点施設には福祉サービスのワンストップ化を推進することが位置づけられており，「小さな拠点」には，福祉サービスの提供拠点としての役割も期待されている（図14-1，⑩）。

2　共生型ケア拠点＝多機能型福祉拠点のモデル

共生型ケア拠点における多機能性

　この間の政策動向を踏まえると，共生型ケア拠点は，生活支援の多機能型福祉拠点として普遍化することができる。そこで，以下では，3つの県の取り組みを前提にしながら，多機能型福祉拠点のモデルを検討する上で，必要となる機能を整理してみる（図14-2）。

　まず，拠点において多様な人の「交わる」と「参加する」という機能①が中心的なものとして位置づく。単なるサービス拠点ではなく，豊かな人間関係の中で誰もが支えられる新たなコミュニティを構築することが共生型の理念である。多機能化の契機として，拠点の通いや訪問を通して持ち込まれる「相談」（機能②）が各機能の結節点として位置づく。

　多機能化していくプロセスを支えている機能が，「相談」にあるとみなす。図では，全ての機能の土台としての役割を持つものとして拠点を取り囲む円で表している。これまでの実践の成果では，対象を問わない福祉拠点という特性から地域のさまざまなニーズが集約され，それを断らずに一旦受け入れることで，それに応じた多機能化が進んでいく構図が形作られている。そのため，対象を問わない身近な「相談」は，拠点が利用者・地域のニーズに基づいて多機能化するために不可欠となる機能である。

　共生型拠点の根幹として，拠点に集う機能を配置した。内容によって「通所ケア」（機能③）と「身近に集う・つぶやく」（機能⑥）の2つの方向性をとる。

第14章 共生空間をひろげる共生型ケア拠点の政策化

図14-2 多機能型福祉拠点における10の機能

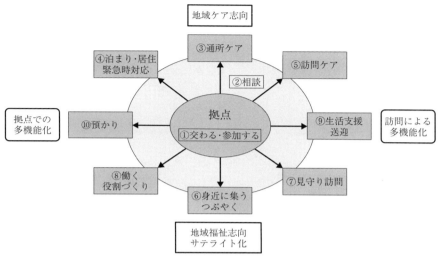

出所：全国コミュニティライフサポートセンター（2016）『「多世代交流・多機能型福祉拠点のあり方に関する研究」報告書』。

一方で，多機能化される場所（空間）で展開される，泊まり・居住・緊急時対応（機能④），預かり（機能⑩）および働く・役割づくり（機能⑧）があり，他方で，訪問によって自宅やその他の場所で提供される訪問ケア（機能⑤），生活支援・送迎（機能⑨）および見守り訪問（機能⑦）が展開される。

3 県の多機能化の政策

こうした10の機能を前提に，3つの県が政策化として，どの機能を取り入れているのかを図化すると，図14-3～5となる。それらの特徴は，各図のタテ軸による分類によって説明することができる。「地域ケア志向」を担うことは，国の介護保険制度等の活用による事業費の補てんが可能となる。富山県と熊本県（ふれあいホーム）は，それを進める形で事業費の確保を図っている。ただし，この政策の課題は，「人材・設備の共用に関する規制」における制約が発生し，経費面での節約効果が乏しくなるということである。この点では，特区申請等

第Ⅳ部　共生空間の創造

図14-3　富山型デイサービスにおける拠点機能の展開

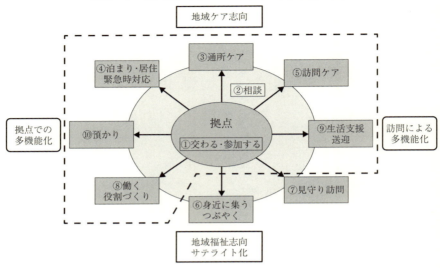

出所：図14-2と同じ。

図14-4　熊本県における拠点機能の展開

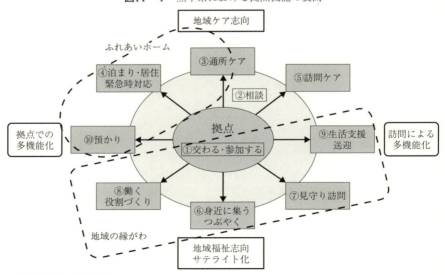

出所：図14-2と同じ。

第14章　共生空間をひろげる共生型ケア拠点の政策化

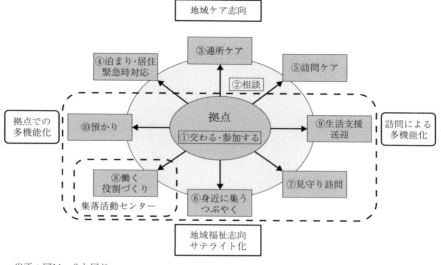

図14-5　高知県（あったかふれあいセンター）における拠点機能の展開

出所：図14-2と同じ。

による富山県の実践者ネットワークと協働した運動の成果として，段階的に「人材・設備の共用に関する規制の緩和」が取り組まれてきている点に注目できる。

　他方のベクトルに注目しておこう。「地域福祉志向・サテライト化」においては，「地域ケア志向」とは異なり国の制度活用が困難であり，事業の維持においては都道府県の単独補助事業に頼らざるを得ない。県による地域福祉支援計画による位置づけも必要となる。その結果，それを選択している高知県では，人件費に関する支援について単独補助事業（地域福祉コーディネーター等人件費補助）による対応がなされている。熊本県の場合には，支援の内容は整備費補助にとどまり，運営費の支援は行われていない。この点における高知県の政策的主導性は評価できるものである。財政力は十分とはいえない高知県下の市町村に2分の1の負担を可能にさせている条件の一つは，市町村地域福祉計画へ盛り込むことを前提に補助を実施してきた経緯をもつ。高知県では，地域福祉部を設置し，地域福祉政策課が主導しながら，市町村地域福祉計画に「あっかたふれあいセンター」の整備を盛り込むことを求めてきた。さらに2015年度から

は，当該事業計画の作成をも義務づけている。

共生型ケアを担う人材育成における県等の広域的な対応の条件整備が必要である。富山県では，「民間デイサービス起業家育成講座」による人材育成が，富山県民間事業所連絡協議会との協働で実施され，富山型デイサービスの理念や考え方を実践者自らが伝える場となり，次の担い手を生むきっかけとなっている。

3　共生型ケア拠点にみる開発福祉の視点

多機能化のプロセス支援

共生型ケア拠点の政策化を，開発福祉の視点から考察としておきたい。

第一は，開発福祉の視点からすると，多機能化のプロセスの促進を支援するための政策でなければならず，決して多機能を固定的・義務的な内容として規定しないことが重要である。そのためには，①自治体における地域福祉の政策化を意図した政策的支援の性格として構築される必要がある。共生型志向を推進する行政組織上の枠組みとしては，地域福祉がもっとも有効であること，②その地域福祉を担当する部門が，他の福祉部門と融合できる機能，いいかえれば主管課的な機能を併せ持つ形で必要があること，③共生型ケアの推進を行政課題とするための根拠として，地域福祉計画での位置づけが図られていることなどが，必要な条件となる。

市町村自治体において，こうした対応を積極的に取り入れることに困難が伴うことは容易に理解できる。この間の新たな制度環境の変化によって地域福祉の推進が一層求められる状況にあり，福祉行政においてもそのための試行錯誤に取り組むことは不可欠な状況である。しかし，福祉行政内において地域福祉の担当部署が明確でない場合に，どこが地域福祉を牽引するのか，また地域福祉担当があるにしても，逆にどの福祉行政部署と連携することが，新たな制度環境に対応できるのか，そもそも共生型ケアそのものが地域福祉であることを認識できているのか，あるいはどのような制度環境の変化と，この共生型ケア

の推進とを結び付ければよいかが不明確な状況ともいえる。

　第二の開発福祉として共生型ケア拠点が普及するためには，国による対象別の各種基準を横断的な視点から緩和するということが前提となる。もちろん，サービスや支援の質を落とすことがあってはならない。また，指定障害福祉サービスとしての基準は満たしていないが，介護事業所等の基準を満たす事業所であれば，市町村が認めることにより，障害福祉サービスを提供することができる基準該当障害福祉サービスのしくみについて，高齢者，障害者，児童等に対して複数の福祉サービスを総合的に提供する上で，障害者を受け入れる場合でも，活用が可能であることを明確化することが必要である。

　さらに，『新たな時代に対応した福祉の提供ビジョン』においては，ガイドラインによる運用上の対応の後に，福祉サービスの総合的な提供に向けた各制度の人員配置基準，設備基準の緩和について，必要に応じ報酬改定も視野に入れて，2016年度から2018年度にかけて検討されるなかで，新たに「共生型サービス」を制度化する動きとなっている。

制度福祉と地域福祉の連携

　第三の開発福祉の視点は，制度の縦割りの行政，たとえば介護行政が地域福祉行政との連携を強化するというものである。図14－2の地域福祉志向のタイプについては，地域福祉との親和性の高い介護保険制度の総合事業による財源活用を展望することも可能となる。介護保険制度における新たな総合事業の展開では，これまでの介護行政のみでは進まない現状があり，地域福祉部署との連携は不可避である。以前の虚弱高齢者福祉として展開するのではなく，地域福祉として展開することが求められる。このことを地域福祉志向の共生型ケアの推進の契機として見なすことである。確かに，これまでの共生型ケアの自由な運営が，総合事業に位置づけられることで変質するのであれば，この選択は妥当とはいえないことになる。総合事業についての保険者である市町村がどのような政策判断および選択を行うかにかかっている。

　この点では，高知県の取り組みは，いち早く地域福祉部を設置し，地域福祉

政策の目玉として,「あったかふれあいセンター事業」を位置づけた点に注目しておきたい。熊本県においても,「福祉のまちづくり推進室」の設置を契機として（朴・平野 2011），上記の2つの事業を開発することができたのである。

「人の多機能化」の発想

　第四に，人件費補助については，介護行政にとどまらず，先にも触れた生活困窮者支援や地方創生との連携を模索し，ケアの多機能化にとどまらずに,「人の多機能化」を促進することも，開発福祉の視点として重要となる。これまでの拠点における「支援の多機能化」ではなく，配置される「人の多機能化」を促進する補助や政策のあり方を問うことが求められているのではなかろうか。そのためには，地域福祉や生活支援さらには地域再生といった多機能性をもつ人材の養成を，省庁，省内の垣根を越えて国が支援するしくみをつくり出すことが必要となる。

　生活困窮者自立支援制度では，少なくとも相談ベースでは対象を限定しないことになっている。ここでも地域福祉としての展開の余地が生まれている。同時に，就労準備支援事業等，働くことを目指した社会参加のための資源をつくり出すことが必要となっている。この領域は，共生型の多機能の一つとして注目できる領域である。この点でも，接点を見出すことができる。

　地方創生関連では，まちづくりへの取り組みが求められている。まちづくり行政と福祉行政との間に地域福祉行政は成立している。地域のなかに，多様な人たちが集う場をつくることは，まちづくり行政における取り組みの第一歩である。この点でも，共生型の1つの機能である「身近に集い，つぶやく」場を活用することも可能である。まちづくり分野での人材も急速に育成がはじまっている。地域おこし協力隊などの普及は，共生型の多機能の一部を担う人材となりえる。政策的支援として提案した「人の多機能化」を推進する部署として，地域福祉担当が役割を発揮することも必要といえる。

　それは地域性を踏まえた人材の多機能性を担保するしくみであることから，こうした政策の普及のための県域レベルの中間支援組織を整備し，そこで人材

育成を進めていく方法などが考えられる。さらに，国や自治体は，こうした中間支援組織の運営費を支援していくことが望ましいといえる。もちろん，地域福祉から地域振興までの幅広い領域をカバーする中間支援組織となることから，ネットワーク型での人材育成の展開が選択肢として求められる。また，被災地におけるまちづくりとサポートセンター運営（第10章），中山間地における共生型ケアの拠点とまちづくり・地域づくりの融合における都道府県の支援のあり方が注目されるとき，都道府県単位での独自の取り組みを支援する国の財政的な援助の存在も有用となる。

この間，介護保険制度や生活困窮者自立支援制度，地方創生など，新たな政策展開が，対象横断的な課題に向かいつつある。今後は，こうした多様な財源の組み合わせ，「人の多機能化」を実現，財源の併用が促進できるような制度利用の柔軟性を高めることが求められる。

注
(1) 共生型ケアの定義としては，「①地域のなかで当たり前に暮らすための小規模な居場所を提供し，②利用の求めに対しては高齢者，子ども，障害者という対象上の制約を与えることなく，③その場で展開される多様な人間関係を，共に生きるという新たなコミュニティとして形づくる営み」としている（平野編 2005）。

引用・参考文献
佐藤真澄（2015）「『地域共生型障害者就労支援事業』の実態と普及に向けた課題――富山型デイサービスにおける障がい者の就労支援」『日本の地域福祉』28。
日本福祉大学地域ケア研究推進センター（2013）『中山間地域における新たな地域福祉推進策としての「あったかふれあいセンター事業」の効果検証事業報告書』。
朴　兪美・平野隆之（2011）「地域福祉政策の展開と都道府県行政職員のチーム形成――熊本県の事例を通して」『社会福祉研究』111，92-99。
平野隆之編（2000）『宅老所・グループホームの現状とその支援』全国コミュニティライフサポートセンター（CLC）。
平野隆之編（2005）『共生ケアの営みと支援――富山型「このゆびとーまれ」調査から』全国コミュニティライフサポートセンター（CLC）。
平野隆之・藤井博志（2013）「集落福祉の政策的推進に向けて――地域福祉による中山間地域支援」『地域福祉研究』41。

おわりに

研究作業をふりかえって

　本書冒頭に述べたように，私たちアジア福祉社会開発研究センターの過去3年間の共同研究テーマは「福祉社会開発の実践モデルの構築：制度外コミュニティ福祉の生成と支援ワーク」であった。学内外から13名の研究者が集まってフィールドワークと研究会活動に従事し，そのメンバーを中心に本書を執筆した。第2，6，9，13章には海外の状況への言及がうかがわれるけれども，全体として今回の企画は，私自身を含め開発研究者が地域福祉研究者に促されて共に国内の実践現場を訪れ，両者が協働して日本の現代福祉に開発的な視点からアプローチする試みであった。出版準備に入ってからは，実質的な編者として尽力したのはセンター主任研究員の朴兪美准教授である。

　ここで「福祉社会」の「開発」とは，地域内外のさまざまなアクターが相互作用を通じて地域社会の諸関係を変化させ，自他の福祉向上のしくみを共同的に築いていくプロセスであり，またそれを支える政策や公共行動や支援活動を指す。しかし「実践モデル」とは何であろうか。どこにでも適用できる汎用性ある実践例を抽出すること，ではあるまい。実践諸事例をそれぞれ相対化して理解する横断的な比較の枠組みを提起し，事例研究の普遍化に資するのが「実践モデルの構築」であろう。

　この点で，研究の出発時の仮説的な枠組みは以下であった（『福祉社会の開発：場の形成と支援ワーク』ミネルヴァ書房，2013年）。制度外で地域住民がつくり出す福祉メカニズムの生成には，マクロレベルの支援的政策環境，メゾレベルにおける関係変容の場の形成，ミクロな支援の場での相互エンパワメント，これら全て，またはいずれかが必要である。地域の諸個人の自由なストーリーを支える「場」が，支援的な環境や支援者との関係の下に設定され，その場が，主体

間の相互作用の活性化や関係の変容といった媒介変数を通じて，新しい共同性，外部との関係性など，問題解決への資源を用意するとともに，問題の構造自体が転換し，包摂的なプログラムが生まれていく。

　このプロセスを検証するために研究チームが選んだ中核的なフィールドは，中山間地で拠点とネットワークを構築して高齢者コミュニティの社会参加を維持する「集落福祉」(高知県)，つぶやき拾いが多様なまちづくりアクションに結びつき，それらの統合の枠組みとして共済組合を軸とする地域福祉が生成していく「コミュニティマネジメント」(北芝地区)，被災地で中間組織が支援して住民同士の支えあい空間を生成させる「地域共生の場づくり」(石巻市，大槌町)であった。さらに関連フィールドが加わったため，本書収録の事例は必ずしもこの通りではないが，これら三類型への関心は一貫して維持されている。

　一方，フィールド研究と並行して，支援的介入に対応する地域社会の変容プロセスを言わば実験室的に観察するために，「障害平等研修」や被災地仮設住宅集会所での作業療法の地域展開を，アクションリサーチとして支援した。

開発福祉を担う人材

　高齢化し孤立する中山間地，貧困と社会的排除が進行する都心荒廃地，そして被災地や途上国農村など，制度が機能しにくい領域や，制度がほぼ不在の社会にこそ，現代福祉の主要な課題があらわれている。空間的には「条件不利地域」といわれるこうした居住地の再生のためには，不利とされる条件を転換し，資源と場を再発見し，高齢者や女性の雇用機会を創出し，制度の狭間を埋める地域力を回復させることが，道筋となる。それは福祉と開発を結びつけるアプローチである。

　そこでは福祉ワーカーは，住民個々のニーズを地域課題としてとらえ直し，互いに支えあう関係を構築し，しごとづくり・まちづくりを視野に入れて，個別支援から地域支援へと広がる「開発的な福祉」を身につけることが求められる。すなわち社会的弱者への制度による消費的サービス供給の枠を越えて，ひとびとの生産的能力を高め，市場参加・社会参加を可能とする「投資としての

おわりに

福祉」を担う。一方，開発ワーカーにとっては，伝統的な公共事業中心のトップダウン型投資に頼りきることなく，またその成果が市場機構を通じて自動的に全ての人の福祉に及ぶと前提することなく，人びとと畦道で語り合い，一人ひとりの福祉向上を明示的な目標として，それぞれの地域特性にあった適切な投資を地元で判断し，当事者を囲む関係の再構築を通じて中間的な市場を生むことで福祉を支える「福祉指向の開発」が課題となる。そして，こうした新たな方向を見据えて，地域の関連アクターをコーディネートし，アイデアを媒介し，開発（まちづくり）と福祉を統合して，地域の福祉メカニズムの再構築に貢献するマネジャー的な人材が求められるだろう。

　実際，本書に収めた事例は，それぞれの現場で「開発福祉」を担っているワーカーやマネジャーに私たちが出会い，開発福祉人材像のみならず，実は開発福祉概念そのものを模索してきた道程を示してもいる。ある実践者は開発ソーシャルワーク的な立場からまちづくりに接近し，ある専門職はコミュニティソーシャルワークから出発していた。いずれも地域の活性化や関係変容を通じて，誰もが参加し支え合う地域社会を築こうとしていた。それが私たちの考える「地球共生」であり，その際に「中間的社会空間」の形成が，方法としてほぼ共通しているように思われた。各章に登場するこうした方々こそ，私たちにとって，開発福祉のワーカーやマネジャーのロールモデルである。学びの多い道程であった。

　本書が，制度の狭間で苦しむ方々の目に触れ，開発的な福祉を模索している実践者の手に届いて，新たなネットワークが広がることを，私たちは願う。

2017年3月

著者を代表して　穂坂　光彦

索 引

あ 行

あったかふれあいセンター 8, 11, 38-39, 43, 46, 51, 53, 55, 63, 69-71, 79, 81-83, 157, 164, 214, 216, 221, 224

居場所 ii, 2, 9, 43, 45-46, 100, 103-111, 114-115, 122, 132, 139, 142, 145-146, 185, 217

エイジェント(agent) 20, 25, 29, 209

エンパワメント(エンパワー) i, 12-13, 16, 109, 157, 166, 191-193, 227

か 行

介護保険 8, 23, 43, 118, 159, 161, 211, 219, 223, 225

開発実践 15, 167, 183, 192-193

開発(的)ソーシャルワーク i, 13, 19, 30-32, 60, 229

外部者 146, 207

仮設住宅 138, 155-156, 167, 203-206

関係(の)変容 12, 197, 201, 205, 208, 227, 229

共生型ケア 10-11, 167, 211-218, 222-225

共生空間 ii, 6, 11, 19, 100, 111, 166, 178, 192

共生地域 5

共生のまちづくり 184, 190-192

拠点機能 156

拠点づくり 11, 38, 41, 43-44, 46, 59, 101

研修 156-157, 159, 162-163, 167, 169, 175, 187, 202, 209-210, 228

権利擁護 76, 187, 189-193

厚生主義 20

合同会社 64-65, 144

個別支援 i, 21, 31-32, 71, 75, 154-158, 177, 228

コミュニティアイデンティティ 142, 146

コミュニティ開発 ii, 26-27, 30

コミュニティ形成 142

コミュニティソーシャルワーク 13, 26, 31, 229

コミュニティマネジメント 19, 100-101, 136-137, 144-147, 228

コミュニティワーカー 50, 173, 176-177, 190

さ 行

支え合い 12, 26-27, 31, 39, 41-42, 72, 78, 81, 101, 124-128, 141, 155, 158-159, 161-162, 178

産業福祉 88, 93

支援環境開発 14-16, 25, 38

仕事おこし 213, 216

しごと開発 10, 166

しごとづくり 7-8, 10-11, 39, 78, 106, 178

持続可能性 12, 136, 147, 179-180

社会開発 30-31, 50, 147

社会関係資本 210

社会空間 ii, 7, 11, 19, 26-31, 39, 65, 166, 208, 229

社会資源 i, 3, 44, 161-162, 186, 196

社会的関係 128, 146, 178

社会的投資 13, 24-25, 33-34, 128

社会的包摂 128

社会福祉協議会(社協) 15, 40-42, 61, 70, 111, 121, 173, 176, 181-182

社会福祉法人 168-169, 174-176, 178

社会変革 181, 184, 193

社会保障 21, 28

集落活動センター 50, 53-58, 65, 216

集落支援 50, 96

集落福祉 ii, 5, 19, 24-25, 43-44, 96, 159

就労継続支援 30, 79, 169-170, 174, 177, 217

主体性 71, 95, 102, 108, 114, 122, 147, 203

障害の社会モデル 195-196, 209

少子高齢化 69, 80, 105, 127, 152, 175

小地域 44, 74, 119-120, 190

生活改善 23, 85-87, 89-93, 97, 137

生活拠点 181, 183, 186, 190

231

生活困窮　　　7, 28, 78–79, 81, 142, 153, 175–176, 214,
　　　　217, 224
生活支援コーディネーター　　　9, 16, 77, 158–159,
　　　　162–163, 192
生活支援相談員　　　82, 154–157, 216
政策化　　　10, 153, 211, 216, 219, 222
生産的福祉　　　23, 38
制度化　　　21–22, 26, 54, 163, 214
制度福祉　　　4, 6, 19, 33, 223
セーフティネット　　　135, 140, 142, 191
セン（Amartya Sen）　　　20, 29, 33–34
専門性　　　66, 81, 83
相互エンパワメント　　　12, 192–193, 227
相互扶助　　　44–45, 96
相対化　　　13, 136–137, 144, 159, 227
ソーシャルワーク／ソーシャルワーカー　　　i, 3,
　　　　13–14, 31

た 行

態度の変化　　　85–86, 89–90
多機能　　　8, 15, 19, 32, 46, 81, 85, 91, 96, 182, 212,
　　　　218–219, 222, 224
宅老所　　　43, 118, 163, 211–212
多目的サービス　　　92
地域共生　　　9, 80, 82, 102, 108–109, 114, 121, 181,
　　　　190, 192–193, 195, 207–208, 213, 217, 228
地域支え合い　　　19, 26, 31, 69, 72, 77, 151, 155, 158
　　　　–159
地域支援　　　11, 19, 28, 31, 50, 155–156, 159, 176,
　　　　228
地域支援企画員　　　42, 44, 52, 60, 64
地域社会参加　　　185–186
地域自立生活　　　181, 184–190, 192–193
地域づくり　　　7–8, 10, 40, 50, 80, 82, 103, 119, 128,
　　　　140, 142, 160–162, 172, 176, 225
地域福祉　　　8, 15, 26, 41–45, 56, 70, 81, 128, 135, 151,
　　　　168, 174, 176, 181, 189, 192, 197, 213–214, 222–223,
　　　　228
地域福祉開発　　　192–194
地域福祉行政　　　211, 214, 223–224

地域福祉計画　　　69–70, 72, 119–121, 190, 221
地域福祉コーディネーター　　　46, 51, 61, 70, 73, 221
地域福祉実践　　　135, 168, 174, 190
地域包括支援センター　　　8, 73, 75
地域マネジメント　　　9, 16, 168, 179
地縁組織　　　41–42, 121–122, 126
中間支援　　　ii, 7, 25, 142, 148, 151, 154, 157, 162–163,
　　　　176, 179–180, 224
つながり　　　40–41, 48, 78, 102, 105, 113, 122, 126,
　　　　128, 131, 135, 140–146, 155, 176, 195, 206, 210
つぶやき拾い　　　27, 41, 142, 228
当事者　　　ii, 6, 14, 29–30, 82, 102, 121, 140, 146, 168,
　　　　178, 181, 185, 190, 192–193, 206–207

な 行

ニーズ　　　i, 20, 24–25, 27, 44, 54, 126, 175, 179, 207,
　　　　228
庭先集荷　　　11, 23–24, 31, 85–87, 94, 170
ネットワーク　　　11, 15, 23, 25, 74, 79, 125, 157, 176,
　　　　186–188, 194, 209, 211–212

は 行

媒介　　　ii, 27, 31, 47, 121, 128, 135, 139, 142, 146, 179,
　　　　228
東日本大震災　　　8, 82, 163, 203, 216
被災地支援　　　154, 159
避難　　　154–155, 191, 204, 230
ファシリテーション／ファシリテーター　　　28,
　　　　50, 60–61, 111, 113, 209–210
普及スキル　　　86
福祉開発　　　3–5, 21
福祉開発マネジャー　　　iii, 7, 32, 151–153, 159, 162
福祉国家　　　34
福祉サービス　　　26, 30, 41, 71, 96, 141, 170, 218,
　　　　223
福祉的な生産支援　　　14, 85, 92
福祉でまちづくり　　　118–122, 128, 213
福祉とまちづくりの融合　　　5, 15, 126, 135–136, 147
復興住宅　　　159, 164, 204–205
フリードマン（John Friedmann）　　　23, 34

本人中心　　*187-188, 190, 192*

ま　行

まちづくり型福祉　　*117, 128*
まちづくり協議会　　*110, 114, 117, 119-123, 145*
マネジメント　　*ii, 6, 11-12, 111, 114, 122, 124-125, 127, 135-136, 148, 153, 156, 158, 168, 176, 178*
マネジャー　　*6-7, 12, 157, 229*
ミジレイ（James Midgley）　*13, 24, 30-31*
見守り　　*24, 42-44, 74, 76, 81, 85, 92, 124, 131, 156, 177, 190, 205, 219*

民生委員　　*43, 76, 173, 185, 187*

や・ら行

役割づくり・役割づけ　　*78, 102, 106, 108, 177, 219*
余語（トシヒロ）　　*34, 100, 147-148*
リーダーシップ　　*118, 122, 125, 128, 140, 145-147*

欧　文

enabling　　*32-33, 147-148*

執筆者紹介 (所属：執筆担当，執筆順)

穂坂 光彦（ほさか みつひこ）（日本福祉大学アジア福祉社会開発研究センター長・
　　　　　国際社会開発研究科特任教授：はじめに，第2章，第10章〔共著〕，おわりに）

平野 隆之（ひらの たかゆき）（日本福祉大学副学長・社会福祉学部教授：
　　　　　第1章，第8章〔共著〕，第10章〔共著〕，第14章）

山首 尚子（やまくび なおこ）（土佐町社会福祉協議会・事務局長：第3章〔共著〕）

上田 大（うえだ だい）（土佐町社会福祉協議会・地域福祉コーディネーター：第3章〔共著〕）

雨森 孝悦（あめのもり たかよし）（日本福祉大学福祉経営学部教授：第4章）

小木曽 早苗（おぎそ さなえ）（日本福祉大学社会福祉開発研究所助教：第5章）

小國 和子（おぐに かずこ）（日本福祉大学国際福祉開発学部准教授：第6章）

吉村 輝彦（よしむら てるひこ）（日本福祉大学国際福祉開発学部教授：第7章，コラム1）

朴 兪美（ぱく ゆみ）（日本福祉大学福祉社会開発研究所准教授・アジア福祉社会開発研究センター
　　　　主任研究員：第8章〔共著〕，第9章，第11章〔共著〕）

田村 きよ美（たむら きよみ）（社会福祉法人虹の会「アイリス」施設長：第11章〔共著〕）

井岡 仁志（いおか ひとし）（高島市社会福祉協議会事務局長：第11章〔共著〕）

藤井 博志（ふじい ひろし）（神戸学院大学総合リハビリテーション学部教授：第12章〔共著〕）

清水 明彦（しみず あきひこ）（西宮市社会福祉協議会常務理事：第12章〔共著〕）

田中 紗和子（たなか さわこ）（国際医療福祉大学成田保健医療学部非常勤講師・
　　　　　日本福祉大学アジア福祉社会開発研究センター客員研究所員：第13章）

久野 研二（くの けんじ）（国際協力機構国際協力専門員・日本福祉大学国際社会開発研究科客員教授：
　　　　　コラム2〔共著〕）

曽田 夏記（そだ なつき）（特定非営利活動法人障害平等研修フォーラム理事：コラム2〔共著〕）

《編者紹介》

日本福祉大学アジア福祉社会開発研究センター
（にほんふくしだいがくあじあふくししゃかいかいはつけんきゅうせんたー）

設　立　2008年2月。
目　標　21世紀COEプログラム「福祉社会開発の政策科学形成へのアジア拠点」により開拓された「福祉社会開発学」を基礎として，それを日本およびアジア諸地域での地域福祉実践へと展開させるための体系的な方法論を構築すること。
センター長　穂坂光彦。

　　　　　　　　　地域共生の開発福祉
　　　　　　　　──制度アプローチを越えて──

2017年3月30日　初版第1刷発行　　　〈検印省略〉

　　　　　　　　　　　　　　　　　定価はカバーに
　　　　　　　　　　　　　　　　　表示しています

　　　　編　者　日本福祉大学アジア福祉
　　　　　　　　社会開発研究センター
　　　　発行者　杉　田　啓　三
　　　　印刷者　藤　森　英　夫

　　　　発行所　株式会社　ミネルヴァ書房
　　　　607-8494 京都市山科区日ノ岡堤谷町1
　　　　電話代表　075-581-5191
　　　　振替口座　01020-0-8076

　　　　Ⓒ日本福祉大学アジア福祉社会開発研究センター，2017
　　　　　　　　　　　　　　亜細亜印刷・藤沢製本

ISBN978-4-623-08007-6
Printed in Japan

『福祉社会開発学の構築』
——日本福祉大学COE推進委員会編
　　　　　　　　　　Ａ５判　240頁　本体2,800円

『福祉社会開発学——理論・政策・実際』
——二木立代表編者
　　穂坂光彦・平野隆之・野口定久・
　　木戸利秋・近藤克則編著　Ａ５判　218頁　本体3,000円

『福祉社会の開発——場の形成と支援ワーク』
——穂坂光彦・平野隆之・朴兪美・吉村輝彦編著
　　　　　　　　　　Ａ５判　316頁　本体4,500円

————— ミネルヴァ書房 —————
http://www.minervasobo.co.jp/